초몰입 공부법

결과로 승부하는 확실한 공부 전략을 세우다

초몰입 공부법

초판 1쇄 인쇄 2022년 8월 26일
초판 1쇄 발행 2022년 9월 1일

지은이 민상윤

발행인 백유미 조영석

발행처 (주)라온아시아
주소 서울특별시 서초구 효령로 34길 4, 프린스효령빌딩 5F

등록 2016년 7월 5일 제 2016-000141호
전화 070-7600-8230 **팩스** 070-4754-2473

값 17,000원
ISBN 979-11-92072-78-4 (03190)

초몰입 공부법

민상윤 지음

RAON BOOK

공부에 정답은 없지만, 최선의 선택은 있다

2013년 겨울, 두 번째 수능 도전에 실패했다. 나의 목표는 확고했고 나름대로 최선을 다했다고 생각했지만, 그것이 원하는 결과로 이어지진 못했다. 공부에 탁월한 재능이 있진 않아도 내가 정한 목표에 집중하는 성향은 갖고 있다고 생각했다. 그래서인지 두 번째 불합격 소식에도 당연하게 들었던 '한 번 더'라는 생각을 의심하지 않을 수 있었다. 오히려 한 번 더 하면 무조건 붙을 수 있겠다는 마음으로 세 번째 수험생활에 임했던 것 같다.

누군가는 현실적인 감각이 부족하다고 할 수도 있지만, 결국에는 이러한 성향이 나에겐 긍정적으로 작용했던 것 같다. 그리고 여전히 한번씩 그때의 수험생활을 기준으로 지금의 나를 되돌아보곤 한다. 치열하게 보냈던 그 시간을 통해서 많은 것을 깨달았고, 그러한 경험이 입시에서만 끝난 게 아니라 지금의 내가 마주하는 여러 상황 속에서 답을 주기도 한다.

그렇게 원하던 서울대학교에 입학한 후, 다니던 재수학원을 통해 생각지도 못했던 교육 관련 일을 시작하게 됐다. 그러다 대학교 4학년 때 진로에 관한 고민을 하던 중 당장 할 수 있는 것이 많지 않아 블로그에 나의 경험을 담은 수험생활 글을 쓰기 시작했다. 처음 글을 쓰기 시작한 2017년부터 5년이 흘렀고, 어느덧 500여 편 이상의 칼럼이 쓰여있었다. 칼럼을 쓰기 시작하면서 삼수라는 경험과 독학으로 한 시험 준비, 그 외에 수많은 시행착오를 겪으면서 깨달은 무기력 극복법, 실전 기복 관리법, 커리큘럼 작성법 등은 수험생들에게 전할 수 있는 나만의 메시지가 있다는 것을 깨닫게 했다.

독학으로 수험생활을 한 나는 누구나 그렇듯 생활적인 측면부터 학업적인 측면까지 스스로 고민하고 바꿔나가야 했다. 그 과정에서 내가 어떤 부분이 부족한지 느꼈고, 매일 다짐하고 계획을 짜고 다음 날 또 실패하는 모습을 보면서 화도 많이 났었다. 그런데도 끝까지 높은 목표를 보고 있는 나를 보며 '허황된 꿈을 꾸고 있는 것은 아닌가' 하는 불안이 엄습할 때도 많았다. 이런 나의 경험이 담긴 칼럼들은 수험생 커뮤니티에서 다들 비슷하게 하는 고민이었기 때문에 많은 수험생에게 공감을 샀던 것 같다.

그 계기로 입시 컨설팅이나 수험 관련 강의 기회를 얻을 수 있었고, 본격적으로 교육학과를 복수전공하면서 내 진로의 큰 방향성을 교육 분야로 잡게 되었다.

사람마다 제각기 다른 문제, 다른 목표를 갖고 있기에 내가 정확한 정답을 알려줄 수는 없지만, 지금까지의 내 모든 과정이 블로그를 운영하면서 시작되었다는 점에서 나에게 글이란 건 큰 의미가 있었다. 그렇기에 나의 칼럼들의 핵심 내용을 담아 이 책을 구성하고자 했다.

또한 단순히 공부법을 이야기하는 책이 아니라 목표에 몰입했던 나의 경험 그리고 그렇지 못한 수험생들을 많이 보고 지도하면서 깨닫게 된 '원하는 목표를 이루기 위해 스스로 몰입하는 방법'을 적고자 했다. 노력하면 반드시 원하는 결과를 얻을 수 있다는 낙관적인 이야기를 하고 싶은 것은 아니지만, 오히려 노력한다는 것 자체가 얼마나 어려운 일이며, 이를 극복하기 위해 몰입하고 노력을 쏟아내는 방법에 대해 이야기하며 수험생들의 마음을 안아주고 싶었다.

1장에서는 과연 내가 열심히 하는 게 맞는지 스스로 다시 생각해볼 수 있도록 구성했다. 실천력과 집중력이 떨어지는 이유, 공부의 효율성을 높이는 방법 등을 담았다. 2장에서는 나에게 맞는 공부법, 불안감을 없애고 가능성을 높이는 방법 등 과거의 성적이나 습관에서 벗어나 앞으로 나아갈 수 있는 변화의 원리에 대해 담고자 했다. 3장에서는 실현 가능한 계획표를 짜고 이행하는 방법에 관해 이야기하고자 했다. 우선순위를 정하는 방법, 막연함을 극복하는 방법, 수험생활에 도움 되는 생활 패턴 등으로 구성했다. 4장에서는 목표를 잡는 방법, 학습된 무기력과 실패의 중독에서 벗어나는 방법 등 수험생들에게 실질적으로 필요한 마인드셋에 관해 담았다. 아울러 3일·7일의 법칙으로 실행력을 높이는 방법을 담았다. 5장에서는 모든 수험생활에 핵심인 몰입력에 관해 담았다. 몰입력의 중요성과 확고한 신념을 가지고 더 나은 내가 되기 위해 앞으로 나아가는 방법을 담았다.

나는 늘 나보다 공부를 더 잘하는 사람, 더 독하게 오래 공부한 사람, 마인드 조절을 더 잘하는 사람 등이 많다고 생각한다. 스스로 부족한 점이 있다고 느끼지만 그저 과거에 내가 실패했었던 원인을 특정 공부법이 부족하거나 단순히 열심히 하지 않아서가 아니라, 그만큼 '목표'에 몰입하지 못했기 때문이란 결론을 내렸다. 그리고 많은 수험생이 겪는 표면적인 문제들의 이면에도 결국 얼마나 자신이 그 목표를 원하는가에 대한 문제가 자리하고 있다고 생각한다.

나 또한 여러 공부법 중 나에게 맞는 공부법이 뭔지 찾으려고 하거나, 원하는 결과를 얻었다는 유명한 공부법들을 따라 해보거나, 좋은 공부법의 공통적인 특성을 정리한 책을 읽어보는 등 여러 고민을 해왔고 이러한 과정에서 얻는 깨달음도 많았지만, 결국 내가 이 책에 담아 전하고 싶었던 것은 목표를 향한 몰입력의 중요성이다.

사람마다 다른 성향과 체력, 문제해결법 등을 갖고 있기 때문에 목표를 향해 나아가는 과정도 다를 수밖에 없고, 그 과정에서 마주하는 문제 또한 다르다. 그렇기에 성공하는 공부법은 다르게 발현될 수 있다고 생각한다. 많은 수험생이 실행력 부족의 문제를 더 특별한 방법, 더 강력한 자극 영상을 찾는 것으로 해결하려고 한다.

하지만 나는 반대로 우리가 너무 많은 정보, 우선순위 설정의 부재로 인해 몰입하지 못한다는 것을 말하고 싶다. 무엇보다 공부법이라는 것에 정답이 없는 만큼 내 이야기가 전부 옳다는 것 또한 아니다. 그렇기에 이 책에 담긴 모든 주제에 공감하기는 어렵겠지만, 그중 하나의 주제라도 자신의 고민이나 문제에 답을 내리고 해결하는 데 도움이 된다면 이 책은 충분히 가치가 있다고 생각한다.

내가 공부법이나 심리 관련 전문가는 아니지만, 지난 9년간 다양한 시험의 수험생들과 상담을 하고, 학원 강사를 하면서 학생들을 만나고, 블로그를 통해 수험생들과 소통하면서 내가 해오던 고민이 나만의 고민이 아니라 모든 시험을 준비하는 사람들이 겪을 법한 고민이라는 것을 알았고, 매일 수험생들의 플래너를 받아 피드백해주면서 수험생들의 변화를 만들어낸 방법들을 이 책에 아낌없이 담았다. 특히 목표를 향해 달려가려고 하지만 끊임없는 실패와 불만족의 굴레 속에 빠져 어느덧 그 실패에 무기력해진, 그러나 현실을 바꾸고 싶은 모든 수험생들을 위해 나의 경험과 생각이 도움되길 바란다.

민상윤

차 례

2장

나에게 필요한 공부 방식은 따로 있다

3장

나에게 맞는 실현 가능한 방향성을 찾아라

4장

자기 자신을 믿으면 가능성은 무한하다

5장

결과를 이끌어내는 핵심 키워드, '몰입'

1장

도대체 공부는 어떻게 하는 거야?

나는 과연 '열심히' 하고 있을까?

"의지가 부족해서 열심히 안 해요"

나는 종종 내가 인지하고 있는 나의 모습과 실제 나의 모습이 다르다는 것을 느낀다. 평소에는 내가 열심히 하고 있다고 생각하지만, 나보다 더 노력하는 사람들의 이야기를 듣거나 막상 내가 실제로 하루를 어떻게 보내는지를 냉정히 되돌아보면 나의 부족한 모습을 마주하게 된다. 그러고 나서 큰 자괴감에 빠지기도 하고 '내일부터는 더 열심히 살아야지' 하고 다짐을 한다. 하지만 그 다짐은 생각보다 오래가지 못한다.

일찍 일어나기로 결심했지만, 늦게 일어나 하루의 시작부터 망친 기분이 들기도 하고, 생각지 못한 변수로 내가 생각했던 계획이 틀어지면 짜증나기도 한다. 그렇게 반복되는 실패와 다짐

속에서 하루 종일 자리에는 앉아 있는데 만족스럽지 못한 하루를 보내는 사람이 나뿐만 아니라 수없이 많다는 것을 학생들을 바라보면서 느꼈다.

학부모들이나 학생들과 상담을 하다 보면 "의지가 부족해서 열심히 안 해요"라는 고민을 자주 듣게 된다. 물론 그중에는 공부할 필요성을 전혀 느끼지 못해 의지가 없는 학생들도 있다. 나는 그러한 학생들을 공부할 수 있게 만드는 것은 내 전문 분야가 아니라고 생각한다. 공부하기 싫어하는 학생들을 공부할 수 있게 바꿔주는 쓴소리를 잘하시는 강사님들을 보면 참 대단하다는 존경심마저 든다. 하지만 이야기를 해보면 대부분의 학생들은 공부를 잘하고 싶어 하고 나름대로 열심히 하려고 한다. 다만 '열심히'라는 기준이 턱없이 부족한 학생들도 있고, '열심히'를 방해하는 요소들로 인해 실행으로 옮기기를 어려워하는 학생들도 있다. 열심히 하려는 마음은 있는데 실행으로 잘 옮겨지지 않는 것이다.

유튜브에 검색만 해봐도 동기부여와 실천력에 대한 내용을 쉽게 찾아볼 수 있다. 그러한 내용들과 완전히 차별화된 내용은 아니지만, 수험생들이 처한 환경의 특수성이란 게 있다. 시험에 따라 다르기도 하지만, 목표와 현실 사이의 괴리가 크다는 점, 기한이 촉박하다는 점, 시험 당일에 최고의 퍼포먼스를 발휘할 수 있어야 한다는 점에서 운동선수들과 비슷한 측면도 있고 소

규모 신생 기업들의 도전 정신과도 비슷한 측면이 있다. 단순히 실천력의 부족이 아니라 시험의 특수성이 우리의 실천을 더욱 가로막는다는 것을 이해해야 더 열심히 할 수 있고 잘할 수 있게 된다.

이유를 직면하고 집요하게 해내라

"당신은 열심히 하고 있는가?"라는 질문에 대해 "그렇다"라고 대답하는 사람은 보통 둘 중 하나다. 정말 열심히 하고 있거나, 또는 '열심히'라는 기준이 매우 낮은 경우다. 사실 이 질문에 정답은 없다. 누가 보더라도 열심히 하고 있는 사람이라도 본인의 기준이 높은 사람은 늘 자신이 부족해 보이는 법이다. 그리고 이 질문을 나 아닌 다른 사람과 하는 과정은 언제나 스트레스다. 내가 열심히 하고 있음을 변명처럼 말해야 하고 그 과정에서 나를 포장하기도 한다.

하지만 정말 필요한 것은 오롯이 자신에게 집중하여 스스로 질문해보고 냉정하게 인정하며 되돌아보는 시간을 갖는 것이다. 열심히 하려고 하지만 그리하지 못한 스스로에게 화가 나는 사람도 있을 것이고, 다짐과 실패의 반복으로 인해 무기력해져버린 사람도 있을 것이다. 그러한 사람들은 두 가지만 명심하도록 하자. 첫 번째는 열심히 못하고 있는 것에는 이유가 있다는 점이다. 그렇기 때문에 그 이유를 직면할 수 있어야 한다. 두 번째는 그 이유를 직면하고 해결해 나가는 과정이 힘들더라도 집요하게 해낸다면 변화는 금방 찾아올 것이라는 점이다.

공부에 있어서 성과를 내야 하기에 우리는 잘할 수 있어야 하며, 잘하기 위해선 기본적으로 열심히 해야 한다. 그리고 잘하면 재밌어서 더 열심히 하게 된다. 전교 1등이 자기가 그 반에서 공부를 가장 열심히 하고 있다고 말하는 내용을 본적이 있는데 정말 그 말에 격하게 공감한다. 잘하면 재밌어지고 더 열심히 하게 되고 성취감도 점점 더 커지는 반면, 못하면 효율성이 안 나는 만큼 조급해지게 되고 공부를 하는 것 자체가 힘들어진다. 이러한 굴레를 깨기 위해서는 바뀌어야 한다. 시작은 열심히 할 수 있도록 우리의 실천을 방해하는 요소를 하나씩 정리하는 것이다. 이 책을 다 읽을 때쯤이면 자신의 문제를 발견하고 스스로 고칠 수 있을 것이니 한 단계씩 충분히 생각해보면서 스스로를 되돌아보자.

우리에게 부족한 것은 '몰입하는 시간'

할 것은 많고 시간이 없다

시험은 수험생들에게 많은 것을 요구한다. 대학수학능력시험을 준비한다면 국어, 수학, 영어, 탐구 두 과목, 한국사까지 총 여섯 과목을 준비해야 한다. 과목별 영역을 세분화해보면 국어 과목 안에서도 독서, 문학, 화법과 작문 또는 언어와 매체로 분화된다. 그리고 해당 영역별로 준비해야 하는 것들을 세분화해보면 수업부터 기본 문제, 기출 문제, EBS 문제 풀이, 사설 모의고사 등 해야 할 것들이 정말 많아 보인다.

비단 대학수학능력시험뿐만이 아니라 대부분의 시험들이 준비해야 할 과목 수 자체도 많고 과목 수가 적더라도 그 과목 안에서 준비해야 할 영역을 세분화해보면 해야 할 것들이 정말 많다.

온라인의 발달과 더불어 사교육 시장의 활성화로 양질의 자료들과 강좌들이 많아지면서 수험생들이 해야 할 것들이 점점 더 많아지는 중이다. 이러한 이유로 대부분의 수험생들이 '할 것은 많고 시간이 없다'라고 느낀다.

분명히 절대적으로 해야 할 것들도 많고 시간의 여유가 없는 것은 맞지만, 내가 말하고 싶은 것은 스스로에게 부족한 것이 정말 시간인지 아니면 몰입하고 있는 시간인지에 대한 부분이다. 결론부터 말하자면, "시간이 없다"라고 말하는 사람들 중 정말 시간이 없는 사람보다 시간을 제대로 못 쓰고 있으면서 시간이 없다고 말하는 사람이 더 많은 것 같다.

수험생들을 컨설팅하다 보면 재미있는 특징이 하나 있다. 바로 자신이 생각하는 자신의 모습과 실제 자신의 모습이 다르다는 것이다. 나는 블로그나 수험생 커뮤니티를 통해서 컨설팅 모집을 진행했다. 그래서 컨설팅에 참여했던 수험생들은 나름대로의 고민을 갖고 자신의 문제를 해결하기 위해 검색도 하고 내 블로그에 들어와 칼럼들을 보면서 공감까지 하고 나서야 컨설팅을 신청한, 간절한 사람들이었다. 첫 상담 때 '자신이 생각하는 자신의 모습'을 이야기해보라고 하면 많은 경우에 이미 무엇이 문제인지를 어느 정도 알고 있었고, 동기부여 영상들이나 성공한 사람들의 콘텐츠들을 보면서 답까지 알고 있는 경우도 많았다. 하지만 실행력이 부족했고 그들 스스로도 그 부분을 답답해했다.

나는 컨설팅을 할 때 매일 본인의 일과를 모두 기록하도록 시킨다. 앞서 말했던 것처럼 자신이 생각하는 자신의 모습과 실제 자신의 모습이 다른 경우가 많기 때문에 일단 자기 자신을 있는 그대로 마주하는 게 가장 중요하기 때문이다. 문제점들은 서로 상관성이 높은 경우가 많고 연쇄적인 경우가 많다.

예를 들어, 아침에 늦잠을 자게 되면 의욕이 없어져서 공부에 집중하기 어렵고, '내일부터 잘해야지'라는 마음에 합리화를 하기 쉬워 하루를 통째로 놀아버리기도 한다. 이 경우 아침에 늦잠을 잔 것부터 모든 문제점들이 연결되어 있다는 것을 알 수 있다. 막연하게 '내일로 미루지 말자' 하고 문제점을 알고 있다 하더라도 다음 날 또 똑같이 늦잠을 자버리면 문제를 알아도 고치기 어려운 상황이 되는 것이다.

자신의 실제 모습을 마주하라

문제를 머리로만 생각하다 보면 자기 자신이 문제 덩어리처럼 보이고 도대체 어디서부터 어떻게 많은 문제를 해결해야 할지 모르는 무기력 상태가 된다. 특히 여러 번 실패를 겪은 '장수생'들이 이런 문제를 겪는 경우를 많이 봤다. 그런데 이는 역으로 생각해보면, 문제 하나가 해결되면 생각보다 많은 문제들이 연쇄적으로 해결될 수 있다는 걸 의미하기도 한다. 그래서 자신의 실제 모습을 마주하는 게 중요하다.

나의 하루 일과를 기록하고 돌아보면서 있는 그대로의 나를 마주해보면, 대부분 시간이 부족한 것이 아니라 '내가 몰입하고 있는 시간'이 부족하다는 것을 느낄 것이다. 대표적으로 수험생들이 열심히 공부하기로 결심했다고 잠부터 줄이곤 하는데, 정작 그들의 하루를 냉정히 돌아보면 차라리 밤 12시에 잠자는 것이 나을 만큼 하루 일과 내내 꾸벅꾸벅 졸고 있는 것이 현실이다.

나도 고3 시절 새벽 2시까지 독서실에 있었고 6시쯤 기상해서 학교에 1등으로 나갔지만 성적은 1년간 거의 제자리였다. 열심히 하지 않았던 것은 아니었기 때문에 더욱 답답했다. 매일 계획을 수정하고 또 결심했지만 따라주지 못하는 실행력과 집중력 때문에 꽤나 답답한 수험생활을 보냈다. 한때는 '내가 선천적으로 집중력이 부족한가?' 하는 의구심이 들었고, '난독증이 있는 것이 아닌가?' 하는 의구심까지 들었다. 하지만 내가 좋아하는 운동을 할 때는 집중력에 전혀 문제가 없었고, 기사 같은 걸 읽을 때면 난독증 같은 것은 전혀 없었다.

입시라는 특수한 상황 속에서 수험생들은 복잡한 상황에 놓이게 된다. 집중을 하는 방법을 아는 사람도, 평정심을 유지할 줄 아는 사람도 당장 공부할 것들이 쌓여 있고 시간은 없다면 집중하기 어렵다. 게다가 당장 눈앞에서 안 풀리는 문제가 있다면 평정심을 유지할 수 없다. 그렇기 때문에 단순히 집중을 하는 요령을 깨닫는 것보다는 입시라는 특수한 상황 속에서 수험생들이 겪을 수 있는 심리적인 문제의 해결책을 알아야 한다.

이 책을 통해서 우리에게 부족한 것은 단순히 시간이 아니라 공부에 몰입하는 시간이라는 생각을 가졌으면 한다. 자신이 정말 주어진 시간을 잘 쓰고 있는지부터 냉정하게 돌아볼 필요가 있다는 것이다. 물론 간혹 잠부터 줄여놓고 의지로 그걸 극복하면서 해낸 수험생들의 선례들이 있기도 하다. 그렇게 본인이 해낸다면 문제가 없겠지만, 나는 적어도 그리하지 못했고 많은 수험생들이 실행하기를 어려워한다. 이미 나름대로의 노력을 해본 상황에서 해결의 실마리를 찾지 못했다면 한번쯤 생각을 바꿔보자.

공부는 엉덩이로 하는 것?

공부량과 효율성

공부를 잘하기 위해서 가장 필요한 것은 무엇일까? 타고난 역량, 공부법, 동기부여, 양질의 자료 등이 필요하지만 공부를 잘하기 위해선 일단 공부를 많이 해야 한다. 예능 프로그램에 공부의 신으로 유명한 강성태 님이 나와서 했던 이야기 중 기억에 남는 내용이 있었다. "여러분이 공부를 못하는 것은 공부를 안 해서예요." 나는 그 말에 격하게 공감한다. 내가 봤던 공부를 못하는 학생들도 대부분 공부를 안 하는 학생들이었다. 엄밀히 말하면 공부를 하긴 하지만 공부량이 턱없이 부족한 경우였다.

힘들다는 것과 노력한다는 것은 상대적인 것이기 때문에 공부를 잘하는 것과는 상관없이 수험생은 모두가 자기 나름대로는 최선을 다하고 있고, 힘들어한다. 아무리 공부의 효율성이 중요하다 하더라도 충분한 공부량은 공부를 잘하기 위해 빼놓을 수 없는 가장 중요한 덕목이다. 이는 사실 공부에만 국한된 것이 아니다. 운동선수는 운동을, 프로게이머는 게임을 잘하기 위해 정말 많은 시간을 투자한다. 재능과 노력의 경중에 대해서 말이 많지만, 분명한 것은 노력이 필요하다는 것이다. 그것도 아주 많이 말이다.

다만 시간을 오래 투자한다고 모든 사람이 성공하는 것은 아니다. 방향을 제대로 설정하지 못했을 때 결실을 이루지 못할 가능성이 훨씬 높으니까 말이다. 그렇기 때문에 효율성이 중요하다는 사실 또한 일리가 있다. 특히 시간과 실력은 부족한 상태에서 결과를 만들어내야 하는 수험생들에게 효율성에 대한 이슈는 중요하고, 매력적일 수밖에 없다. 하지만 효율성에 대한 잘못된 이해와 집착으로 인해 역설적으로 실천 부족의 문제를 많이 겪고 수험생활을 망치게 되는 경우를 많이 보았다. 나도 그러한 경험을 했고, 강사 생활을 하면서 비슷한 문제를 겪는 수험생들을 정말 많이 보았다.

"공부는 엉덩이로 하는 것"이라는 말은 단순히 공부를 많이 하라는 것 이상의 의미가 있다. 고등학교 2학년 때 내가 정말 열심히 듣던 인터넷 강의가 있었는데, 유독 그 강사님은 열네 시간씩 공부하라는 것을 강조했다. 정말 독하게 공부했다는 사람들의 스토리를 보면서 '나도 일단 열네 시간씩 해보자'라는 마음으로 공부를 했던 적이 있었다. 모든 갑작스러운 변화는 힘들기 마련이다. 당연히 처음에는 실패도 많이 했고, 열네 시간 공부한 다음 날은 지치거나 보상심리가 생겨 여섯 시간밖에 공부를 못하기도 했다.

어느 날은 나태한 내 모습에 변화를 주고자 새벽 일찍 학교에 도착한 이후 하루 동안 책상에서 딱 두 번밖에 일어나지 않았던 적도 있다. 나보다 더 독하게 한 사람들도 수없이 많지만, 내 나름대로 독하게 했을 때 느낀 게 하나 있었다. 극한으로 갈수록 효율은 줄어들었고, 줄어든 효율로 인해 하루 종일 앉아 있는데도 하루 계획의 대부분에 X가 표시되어 있었다는 점이었다. 내 경험과 비슷한 문제를 겪었던 수험생들을 보면서 "공부는 엉덩이로 하는 것"이라는 말이 누군가에겐 양날의 검이 될 수 있다는 생각을 했다.

공부는 엉덩이로 하는 게 맞다

우리가 늘 해오던 것에 변화를 주면 그 변화에 적응하는 시간이 필요하다. 아침에 일찍 일어나서 공부하는 것부터, 공부량을 늘리는 것까지 우리가 아무리 독하게 마음을 먹었다 하더라도 결심한 다음 날부터 바로 적응해서 잘되는 경우는 거의 없다. 수험생들 중에 효율성과 방법론의 중요성에 지나치게 집착하는 몇몇이 있는데, 그런 수험생들은 정작 공부는 많이 안 하는 경우가 많았다. 어떤 변화를 취했을 때 그 변화에 적응하고 버티는 시기가 필요한 법인데, 효율성과 방법론에 지나치게 민감하다 보니 그 불편함을 견디질 못하는 것이다.

효율성이 중요한 것은 맞지만, 요령이라는 것은 내가 어느 정도는 충분한 경험을 해봤을 때 생기는 것이다. 효율성에 대한 집착으로 인해 오히려 공부에 집중하지 못하고 방법론만 찾고 있다면 반성해야 한다. 아무리 좋은 방법을 알아도 그게 바로 나에게 꼭 맞는 옷이 되리라는 법은 없다. 그렇기 때문에 매번 제자리걸음만 반복하는 것이다. 특히 긴 수험생활을 보내고 있는데도 정작 책 하나 제대로 못 끝내고, 턱없이 부족한 실천력을 갖고 있다면 정말 마음가짐을 뜯어고쳐야 한다. 특히 본인의 실력이 많이 부족하다 생각된다면 일단 공부량부터 혁신적으로 늘려야 한다. 한 걸음도 제대로 못 떼고 있는 사람은 효율성을 운운할 상황이 아니라, 일단 내딛고 걸으면서 생각해야 하는 상황인 것이다.

수험생활에서 좋은 결과를 얻은 사람들 중에 많은 사람들이 "공부량보다도 효율성과 방향이 중요하다"라는 이야기를 한다. 그런데 이는 무작정 열심히만 하다 보면 길을 잃을 수 있기 때문에 조심하라는 이야기지 공부량의 중요성을 낮게 생각하는 것이 아님을 명심하자. 예컨대 효율성이 떨어져도 무작정 열심히 열네 시간씩 하던 사람이 더 잘하기 위해서 방향도 고민하고, 효율성을 높이기 위해 잠도 좀 더 충분히 자면서 열두 시간씩을 꼬박 했다는 것이다. 아무리 여섯 시간 동안 효율적으로 공부해도 열두 시간, 열네 시간 동안 공부하는 사람과는 비교가 안 된다. 공부는 엉덩이로 하는 게 맞다. 다만 엉덩이로만 하는 건 아니라는 경각심만 가지면 된다. 특히 공부를 처음 시작하는 사람들은 공부를 일단 많이 해보자. 경험을 해봐야 나의 문제점도 찾을 수 있는 법이다.

'더 잘하기' 위해 문제를 되돌아보자

60점대에 머물던 수학 성적을 올려보고자 마음먹고 본격적으로 고등학교 2학년 겨울 방학 때 인터넷 강의를 들으며 공부를 했다. 지금 돌이켜보면 굉장히 무식한 방법이었지만, 일단 공부를 많이 하라는 강사님의 말대로 수학 과목을 제외한 나머지 과목은 시간을 정해두고 하고, 하루의 남은 모든 시간을 수학에 쏟았다. 보통 여섯 시간 내지 아홉 시간 정도였다. 그렇게 방학을 보내고 놀랍게도 수학 성적이 90점대로 올랐다.

이 경험이 내 인생에서 처음으로 성적을 드라마틱하게 올렸던 경험이었다. 공부를 잘하지 못할 때는 일단 무식하게라도 공부하다 보면 성적이 오른다. 그러나 이러한 성공 경험이 나의 고3 생활에서는 독이 되기도 했다. 성적 향상이 정체되었을 때 '더 열심히', '더 독하게'라는 생각으로만 가다 보니, 몸은 힘들었고 문제점은 고쳐지지 않았다. 즉, 공부를 많이만 하다 보니까 무엇이 문제인지를 되돌아볼 여유가 없었다. 그런 생각은 사치라고 여겼고 더 스스로를 몰아붙이고 스트레스를 받으면서 오히려 공부의 효율성은 떨어졌다.

삼수 때 생긴 가장 큰 생각의 전환이 바로 무작정 열심히보다 잘하기 위한 고민을 해보자는 것이었다. 사람마다 실력이 다르고, 공부해가는 방식이 다르고, 공부하는 환경도 다르며, 잘하는 것과 못하는 것이 다르다. 그렇다 보니 같은 것을 듣고, 같은 내용을 배워도 천차만별일 수밖에 없다. 중요한 것은 그 과정에서 생기는 개인의 문제점을 발견하고자 정말 치열하게 고민하고 있는가에 대한 부분이다.

많은 수험생들이 자신을 되돌아보긴 한다. 그런데 그 문제점들을 그저 머리로만 생각하고 불편한 감정을 놓아두거나, 일기 수준으로 '내일 더 열심히 해야지'라고 다짐하는 것에 그친다. 구체적으로 문제점을 생각해보지 않으면 다음 날도 비슷한 상황이 반복된다. 적어도 내가 본 수험생들은 애초에 플래너에 무리한 계획을 짜고 달성하지 못하면서 스트레스를 받는 경우가 더 많았다.

실력 향상은 시간에 정비례하지는 않는다. 정체기도 있고, 어느 순간 급격하게 성장하기도 한다. 따라서 스스로 충분한 노력을 하고 있을 때, 그 노력을 지속하고 버틸 수 있는 게 정말 중요하다. 하지만 '언젠가 결실이 올 것' 하고 낙관하기만 해서는 안 된다. 정체기가 찾아오는 것에는 분명히 이유가 있을 테니까 말이다. 충분히 노력을 하고는 있는데 지금의 수험생활에 뭔가 문제가 있는 것 같다면, 자기 자신을 좀 더 구체적으로 되돌아보자. 그리고 고민의 방향을 '더 열심히'에만 두기보단 '더 잘하기'에 두고 자신의 문제를 구체적으로 확인하고 해결해 나가자.

완벽주의가 계획을 망치는 이유

작은 실패에 민감해지면 실천의 지속이 어렵다

수험생 커뮤니티를 살피다 보면, 완벽주의적 성향 때문에 고민을 토로하는 수험생들을 쉽게 찾아볼 수 있다. 그리고 대부분이 완벽주의로 인한 실행력 부족의 문제를 겪는다. 끊임없이 노력한다는 의미에서 완벽주의는 목표를 이루기 위해 반드시 필요한 성향이다. 하지만 높은 목표로 인해 과도하게 계획을 세우거나, 계획이 흐트러지거나 밀리면 '오늘은 포기하고 내일부터 하지 뭐' 하는 생각을 하게 된다. 또는 지나치게 높게 설정된 자신의 기준으로 인해 공부에 불만족하고 효율성에 집착하는 경향을 보이기도 한다. 완벽주의로 인해 실행력 부족을 겪는 수험생들은 이처럼 실패에 대한 면역력이 낮은 경우가 많다.

실행력이 부족한 사람들 중에서 정말 의지력이 부족한 사람도 있지만 반대로 목표가 매우 높거나, 목표 달성이 굉장히 간절한 사람들도 많다. 목표와 현재 위치의 간극이 클수록 해야 할 것들이 많기 때문에 '남들보다 더 효율적으로 해야 한다'라는 생각에 빠지기 쉽다. 그렇기 때문에 자신의 공부에 만족하기 어렵고 수험생활 속 발생할 수 있는 작은 실패들을 견디기 힘들어한다. 그리고 더 좋은 공부 방법을 찾게 되고, 효과를 빠르게 볼 수 있는 무언가를 갈구하게 된다.

공부를 하면서도 공부에 집중하기보다는 '효율적으로 하고 있는가?' 등의 다른 생각에 매몰되기도 한다. 그들의 실행력 부족 문제의 원인을 파고들다 보면, 의지가 없어서 실행력이 부족한 것이 아니라 역설적으로 '간절하기 때문에 공부의 가성비에 집착하게 되면서' 실행력이 부족해지게 되는 것이다. 수험생활에서 작은 실패는 필연적으로 생길 수밖에 없다. 작은 실패에 너무 민감해지거나 면역력이 약해지면 실천의 지속이 어려워진다는 것을 명심하자.

꼼꼼히 하겠다는 생각에 사로잡히는 건 금물!

'아침에 일찍 일어나서 공부를 해야겠다'라고 다짐을 한 적이 있을 것이다. 아침에 일찍 일어날 것을 전제로 계획을 잔뜩 세워놓았다고 생각해보자. 다음 날 제대로 일어나지 못해서 계획이 밀리면 모든 의욕이 사라지고, 이후의 계획을 이어서 실천하기보다는 계획 자체를 다시 짜거나, '오늘은 되는 대로 보내고 내일부터는 정말 제대로 해야지'라는 다짐을 한다.

하지만 막상 다음 날이 되어도 비슷한 이유로 또 실패하고 다짐을 하는 경우가 태반이다. 설령 일어났더라도 하루이틀 해보고 집중이 잘되지 않으니까 스스로를 아침형 인간이 아니라고 규정하고 다시 원래대로 돌아간다. 이런 불만족의 상태를 견뎌내면서도 지속하는 사람이 있는가 하면, 그리하지 않고 오늘을 버리고 다짐하고 뭔가를 계속 새로 시작하려는 사람이 있는 것이다. 불편함과 작은 실패를 견디면서 실천을 지속하지 않는다면 늘 계획과 다짐의 반복 속에서 우울한 감정과 답답함에 사로잡힐 수 있다.

또 다른 예로 공부할 때 진도를 잘 나가지 못하거나, 공부의 마무리를 제대로 하지 못하는 수험생들이 있다. 작은 실패에 대해 견디기 힘들어하는 학생들은 꼼꼼하고 완벽하게 공부한다는 이유로 진도를 제대로 못 나간다. 책 앞부분만 제대로 하고 끝맺음을 못한 경험은 대부분 겪어보았을 것이다. 초반부터 너무 세세한 것까지 힘을 주다 보니 정작 더 집중해서 외워야 할 것에 신경을 제대로 쓰지 못한다. 또한 별로 중요하지 않은 것들까지 하다 보니 늘 책의 앞부분을 공부할 때는 잘하지만 끝까지 못하거나 정작 외워야 할 것들을 미루다가 못 외우기도 한다. 이러한 수험생들은 충분한 시험 준비 기간이 있더라도 외울 것을 미루는 경향 때문에 점점 곤란해지게 된다. 나 또한 이런 비슷한 문제를 겪었기 때문에 그 답답함을 많이 공감했다. 이러한 굴레를 깨는 것이 당사자 입장에서는 정말 어렵지만 생각의 틀을 깼으면 좋겠다. 나도 작은 실패를 대하는 태도를 바꾼 이후에 공부의 완성도 자체가 많이 달라졌던 것을 느꼈다.

완벽주의로 고통받는 사람들을 위한 조언

공부를 하는 과정에서 우리는 여러 가지 실패를 경험할 수밖에 없으며 이 사실을 받아들여야 한다. '시행착오를 겪을 시간이 없다'라는 그 마음은 공감하지만, 우리가 어떤 변화를 취하든 적응 기간이 필요한 법이다. 그것을 시행착오로 보지 말고 당연히 필요한 적응 과정이라 생각해야 한다. 그걸 모르고 자꾸 새로운 방법, 완벽한 방법을 찾다 보면 늘 첫걸음만 반복하고 원점으로 돌아가게 될 것이다. 작은 실패를 경험할 수밖에 없는 이유를 인지하고, 어떤 마음가짐으로 대할 것인지를 알고, 실제로 한 번만 성공 경험을 해본다면 실행력부터 달성도까지 놀라울 정도로 달라질 것이다. 앞서 말한 것과 비슷한 문제로 인해 실행력, 달성도의 부족을 겪고 있다면 세 가지 조언만 명심하도록 하자.

첫째, 작은 실패나 불만족스러운 상태는 있을 수밖에 없다.

둘째, 불만족 속에서도 실천을 이어가야 한다. 무언가 목표했다면 최소한 일주일은 실행해보자. 계획이 조금 틀어졌다고 오늘을 포기하지 말자. 아무리 새롭게 계획을 다시 짜더라도 계획한 다음 날 바로 만족하게 되는 경우는 생기지 않는다.

셋째, 실천을 하면서 불만족의 요소를 하나씩만 제거해보자. 실천을 방해하는 요소를 방치해둘 필요는 없다. 문제점이 잘 안 보일 수도 있고, 문제의 원인이 한두 가지가 아닐 수도 있다. '어제보다 하나라도 나아지면 된다'라는 마음으로 오늘의 실천을 방해했던 요소를 하나라도 줄이는 데 집중해보자.

오늘 하루 계획이 늦잠으로 인해 꼬이고 불만족스러웠다면 다음 날은 그 문제 하나라도 해결하고 또 실천하는 것이다. 완벽주의로 인해 고통받고 있다면 무데뽀 정신으로 딱 일주일만 믿고 행동으로 옮겨보자. 실행력과 달성도 자체가 달라지고 있음을 느낄 수 있을 것이다.

시간에 쫓기는 사람이 악수(惡手)를 둔다

거북이보다 더 열심히 달리는 토끼

농구에서 경기 종료를 알리는 버저(buzzer) 소리가 울리는 동시에 쏘는 슛을 버저 비터(buzzer beater)라고 한다. 한 골을 두고 마지막 순간까지 기다렸다가 완벽하게 버저 비터를 득점으로 마무리하는 순간은 농구의 꽃이라고도 할 수 있다. 우리가 보게 되는 것들은 대부분 성공적인 버저 비터의 순간들이지만, 사실 극적인 성공을 가져오는 경우보다는 실패하는 경우가 훨씬 더 많을 수밖에 없다.

예를 들어, 마지막 순간에 무조건 3점을 득점해야 이길 수 있는 상황이라면 상대팀은 3점 득점만 막으면 되기 때문에 고려해야 할 선택지가 줄어들어 상대적으로 막기가 수월할 수밖에 없다. 또한 공격자는 무조건 3점을 넣어야 하는 상황이기에 조급해지기 마련이다. 이로 인해 감정적으로 흔들리기도 쉽고, 터무니없는 실수를 하기도 한다. 해당 분야의 프로인 선수들조차 시간에 쫓기면 악수를 두는 것이다.

농구뿐만 아니라 시간에 쫓기게 되는 상황에 놓인 사람은 선택할 수 있는 폭이 제한적일 수밖에 없다. 그렇기 때문에 잘못된 선택임을 알고 있음에도 불구하고 선택할 수 있는 선택지 자체가 없기 때문에 운에 의지할 수밖에 없는 상황에 놓이기도 한다. 수험생활도 마찬가지다. 우리가 치러야 하는 시험들의 대부분은 정해진 시간 안에 해결해야 하는 과제의 형태다. 시간이 제한적이다 보니 평소 실력이 좋았더라도 제 실력을 발휘하는 것이 어렵다. 무엇을 해야 할지 머리로 알고 있음에도 불구하고 시간에 쫓기다 보니 제대로 실천하지 못하는 것이다.

원래부터 공부를 잘하거나 늦게 시작했더라도 묵묵히 자신에게 주어진 것을 한 단계씩 집중하며 밟아가고 있는 수험생들도 있지만 아직 부족한 부분이 많고 시간은 없는데 해야 할 것은 많은 수험생들도 많다. 본인이 후자 쪽이라면 이미 벌어진 격차를 줄인다는 것은 불가능에 가까울 만큼 어려운 일이라는 것을 명심하자. 악담을 하는 것이 아니라 그것이 현실이다. 처음 시작할 때는 대부분 자신감이 가득하고, 기적을 만들어낼 수 있을 것만 같다. 하지만 그중 대부분은 직접 현실을 마주하고 생각보다 그 현실의 벽이 높다는 것을 체감하면서 점차 자신감을 잃어가고 무기력해진다. 재수학원에서 6년간 있으면서 초심을 끝까지 유지하는 수험생은 정말 손에 꼽을 만큼 보기 어려웠다.

내가 세 번의 입시를 경험했기 때문인지, 나처럼 실패를 경험하고 다시 도전하는 사람들을 대상으로 이야기할 기회가 많았다. 처음에는 나도 여타 멘토들처럼 "할 수 있다"라는 메시지와 "자신감을 갖자"라는 메시지를 주로 전달했던 것 같다. 하지만 재수학원에서 6년 정도 있으면서 생각이 많이 바뀌었다. 돌이켜보면 나도 재수를 시작했을 때 '한 번 더 하면 시간도 많고, 공부도 이미 해본 내용이니 충분히 할 수 있을 것 같다'라는 생각을 했다. 재수에 성공한 선배들의 이야기들을 보면서 자신감을 얻고 시작을 했지만, 공부에 대해 어느 정도 안다는 자만감에 나의 현실을 객관적으로 보지 못한 채 막연히 잘될 것 같다는 생각에 빠져 있었다.

이 글을 읽고 있는 독자 중에서도 다시 도전한다는 이유만으로 알게 모르게 심적인 여유와 자신감을 갖고 있는 사람들이 분명히 있을 것이다. 나는 어쩌면 잔혹하지만 현실적인 이야기를 먼저 하고 싶다. 바로 '격차'를 줄이는 것은 불가능에 가까울 만큼 어렵다는 이야기다.

한번쯤 토끼와 거북이 이야기를 들어본 적이 있을 것이다. 달리기가 빠른 토끼가 여유를 부리고 잠을 자다가 느리지만 꾸준히 달려온 거북이에게 진다는 이야기다. 하지만 토끼와 거북이가 달리기를 하는데, 토끼가 놀지 않고 거북이보다 더 열심히 달리고 있는 것이 우리가 처해 있는 현실이다. 심지어 토끼가 먼저 출발을 하고 거북이가 한참 나중에 출발했는데, 토끼가 쉬지 않고 달려가는 상황이라 생각하면 좋겠다. 자신감을 갖는 것은 좋지만, 이러한 현실을 알고 꿈을 위해 도전할 각오를 먼저 다져야 제대로 달려나갈 수 있다.

노력해온 사람들의 꾸준함을 가볍게 생각하지 말자

수험생들 중에는 뒤늦게 마음을 다잡고 도전하는 경우가 적지 않다. 고등학교 3학년을 앞두고 마음을 다잡아서 1년간 잠을 네 시간씩 자면서 수험생활을 보냈다고 가정해보자. 1년간 반에서 가장 열심히 공부했지만 결과가 좋지 않으면 어찌될까? 아마도 큰 좌절감에 빠질 것이다. 그러면서 자신보다 열심히 하지 않았는데도 좋은 결과를 낸 수험생들과 자신을 비교한다.

그런데 이는 노력해온 친구들의 꾸준함의 힘을 제대로 모르기 때문에 하는 생각이다. 여덟 시간씩 3년을 꾸준히 한 학생과 열네 시간씩 1년을 한 학생이 있을 때, 1년만큼은 후자의 학생이 더 치열하고 고통스럽게 수험생활을 보냈겠지만, 공부량을 봤을 때 전자의 학생이 비교도 안 될 만큼 더 많을 것이다. 더 힘들고 간절했다고 해서 꼭 더 큰 보상이 찾아오는 것은 아니다. 반대로 생각하면 당신이 꾸준함을 유지한다면 그리하지 못한 사람들은 점점 더 당신을 넘어서기 힘들 것이다.

이런 이야기를 하는 이유는 겁을 주기 위함이나 자신감을 떨어트리기 위함이 아니며, 이런 현실을 알고 있음에도 도전할 만큼의 간절함을 이끌어내기 위함이다. 그래야 근거 없는 여유로움이 사라지고 언제나 부족하다는 마음으로 도전할 자세가 생긴다. 이런 현실을 알고 있음에도 도전할 정도의 의지는 있어야 결과를 뒤바꿀 가능성이라도 생기는 게 아닐까?

나는 사실 매우 낙천적인 사람이다. 하지만 근거 없는 낙관은 나의 부족한 점을 보지 못하게 만든다. 겸손하게 자신을 되돌아보아야 한다는 말, 나의 부족한 점을 찾아내야 한다는 말을 대부분의 사람들은 머리로 알고 있다. 하지만 정말 나의 부족한 점을 겸손하게 인정하는 것은 말처럼 쉬운 일이 아니다.

집중력과 실천력이 떨어질 수밖에 없는 이유

쫓기는 수험생들은 시험을 1년 더 준비하더라도 또 쫓기는 수험생활을 보낸다. 시간이 더 생기고 한 번 이미 공부를 해봤다고 해서 여유가 생기지는 않는다. 그러니 자신이 도전자의 위치임을 제대로 깨닫고 성실하고 꾸준하게 임해야 한다. 쫓기는 수험생의 경우 시간이 없는데 해야 할 것은 많기 때문에 효율성에 집착하게 되거나, 무리하게 계획을 짜게 된다. 이로 인해 해야 할 것에 집중하지 못하고, 실천력이 떨어진다. 이로 인해 자신감도 하락하고 새로 계획만 짜거나 효율적인 공부에 집착하게 된다. 그러면서 점점 시간이 흘러가며 해야 할 것을 하나둘씩 포기하게 된다. 차라리 계획에 집착하지 않고 앉아서 뭐라도 했으면 벌써 끝냈을 것들을 못 하게 되는 것이다.

이처럼 '쫓긴다'는 느낌은 사람을 조급하게 만들고 집중하지 못하게 만들며 결국 실천력 부족으로 이어질 가능성이 높다. 아마 이 글을 읽는 독자들 중에 이와 비슷한 문제를 이미 경험한 수험생들도 분명히 있을 것이다.

공부를 잘하는 학생들도 자신이 부족하다고 느끼고 노력을 한다. 그만큼 쫓기는 마음과 불안한 마음 없이 수험생활을 보낸다는 것은 어렵다. 특히 자신의 현재 위치와 목표 사이의 괴리가 큰 수험생들은 더욱 쫓기는 마음을 가질 수밖에 없을 것이다. 그만큼 도전자의 위치는 어렵고 그렇기에 더욱 마음을 다잡아야 하는 것이다. 철저하게 바뀌어야 한다. 그리고 쫓기는 수험생활 속에서 어떻게 현재 자신의 공부에 몰입하고 실천력을 높일 수 있을 것인지에 대해 생각해봐야 한다.

단순히 공부법을 몰라서 못하는 것이 아니다. 공부법을 알고 있더라도 무리한 계획 탓에, 포기할 것을 포기하지 못하고 다 하려는 욕심 때문에 집중할 수가 없는 것이다. 사람마다 쫓기는 정도는 다를 수 있지만, 이러한 수험생활의 특수성 때문에 우리가 아무리 동기부여를 받고, 공부법의 조언을 받아도 효과가 나타나는 것이 어려운 게 아닐까?

역설적이게도 해야 할 것이 너무 많을 때 오히려 집중력과 실천력을 위해 할 것을 줄이는 게 도움이 되기도 한다. 쫓기지 않을 수 없다면 반대로 해야 할 것을 줄이고 잘라내서 주어진 시간에 몰입할 수 있도록 만드는 것이 도움이 될 수 있다. 아무리 계획을 잘 짜더라도 주어진 시간에 내가 할 수 있는 것은 한정적이니까 말이다.

불안에는 이유가 있기 마련이다

수험생이 겪을 수밖에 없는 원초적 불안

불안으로 인해 공부에 집중을 못하고 의욕이 떨어진 적이 있는가? 사람들은 각기 다른 불안을 안고 살아간다. 특히 입시든 취업이든 주어진 기간 안에 결과를 만들어내야만 하는 상황에 놓여 있다면 결과의 불확실성으로 인한 불안을 겪을 수밖에 없다. 아무리 실력이 좋은 사람도 시험 당일에 실력을 100% 발휘할 수 있을지가 걱정되는 법이다. 이러한 불안은 시험을 치는 수험생이라면 누구나 겪을 수밖에 없는 원초적 불안에 가깝다. 이러한 원초적 불안을 완벽하게 해소한다는 것은 결과가 보장되어 있지 않은 이상 불가능에 가깝다. 그렇다면 이를 줄일 수 있는 방법은 없을까?

내가 원초적 불안이라고 표현한 이유는, 실력이 좋든 그렇지 않든 시험이기 때문에 누구나 가질 수 있는 불안이기 때문이다. 이러한 불안을 줄일 수 있는 가장 좋은 방법은 '압도적인 실력'을 갖는 것이다. 스포츠 경기를 보다 보면 세계적인 선수들이 경기를 즐기는 모습을 볼 수 있다. 인터뷰를 보면 그들도 분명 긴장을 하지만, 그 불안을 스릴로 느끼기도 하는 것 같다. 만약 우리가 현재의 모습으로 초등학교 때로 돌아가 시험을 본다면 시험이 긴장된다고 실력 발휘를 못하진 않을 것이다. 이처럼 압도적인 실력은 불안을 이긴다. 실력이 늘면 어느 정도 불안은 사라지지만, 압도적인 실력을 갖추지 않은 이상 여전히 시험은 긴장되고 불안하다.

압도적인 실력을 갖추지 못했다면 우리가 할 수 있는 것은 원초적인 불안을 더 키우지 않고 불안에 수험생활이 지배되지 않도록 불안 요소는 줄여나가고 스스로 괜찮은 수험생활을 보내고 있다는 자신감을 쌓는 것뿐이다. 진부하게 느껴질 수 있는 결론이지만 우리가 할 수 있는 것은 매일 후회 없이, 꾸준히 최선을 다하는 것이다.

이렇게 수험생활을 보내면서 자신의 실력이 늘어나고 있다는 것을 느끼면 어느 순간 자신에 대한 믿음과 자신감이 싹튼다. 이는 많은 선배들이 공통적으로 해온 이야기고 나 또한 같은 경험을 했다. 이는 단순히 공부량이 많은가, 적은가의 문제가 아니라 꾸준하게 잘하는 것이 주는 힘이다. 수험생활에서 우리가 할 수 있고, 바꿀 수 있는 것은 공부에 투자하는 노력뿐이다. "하늘은 스스로 돕는 자를 돕는다"라는 속담처럼 결국 자신의 노력이 가장 중요하다.

콘텐츠 내용 따라 하기와 롤 모델 삼기

그런데 실천을 가로막는 수많은 요소들이 분명히 있고 이 책은 그러한 요소들을 하나씩 생각해보면서 문제해결적 사고를 만들어가는 것을 목표로 한다. 수험생활을 잘 보내고 있다는 것의 절대적인 기준은 없다. 그렇다면 스스로 만족하는 수험생활을 보내기 위해서 어떤 생각을 해봐야 할까?

수많은 공부법 콘텐츠들에서 말하는 것처럼 수험생활의 좋은 기준을 세우고, 성공한 선배를 롤 모델 삼아 시작점을 잡는 것은 변화가 필요한 첫 단계에서 큰 도움이 된다. 스스로의 문제를 찾아내는 것이 막막하다면 다양한 콘텐츠들에서 말하는 것들을 참고해 변화를 시도해보는 것도 좋다. 일찍 일어나서 공부하는 것이 좋다고 하고, 규칙적으로 생활하는 게 좋다고 하며, 공부량은 많아야 한다고 하면 일단 그러한 것들부터 따라 해보자. 그렇게 굵직한 변화를 하다 보면 분명 나아진다는 것을 느낄 것이다. 문제점이 많을 때는 일단 뭐라도 하나 해결하는 것이 중요하기 때문에 변화하고자 하는 목표를 삼고 따라 해보고 도전해보는 과정이 큰 도움이 된다.

누군가를 롤 모델로 삼아서 그걸 기준으로 변화를 시작해보라는 것은 그 롤 모델의 방법론이 완벽해서가 아니다. 당신이 어떤 방법론을 취하든 실천의 과정 속에서 불안이 생길 수밖에 없는데, 그 불안을 견디면서 실천을 지속한다는 것은 상당히 어려운 일이다. 하지만 성공한 사례가 있다면, 그 사례를 믿고 무데뽀 정신을 갖고 행동할 수 있는 힘이 생긴다. 이러한 이유로 롤 모델을 통해 당신의 현재에 변화의 기점을 만들고 원동력을 만들라는 의미다.

누가 더 좋은지를 찾아보느라 시간을 낭비하지 말고 '뭐든 변화를 이뤄보는 것'이 중요하다는 사실에 집중하자. 꼭 콘텐츠를 참고하지 않아도 자신이 생각하는 가장 큰 문제들을 위주로 우선순위를 정해 바꿔보는 것에 집중하면 된다. 어차피 나중에는 '당신만이 겪고 있는 문제'를 찾아야 하는 단계에 놓일 수밖에 없다. 그런데 내가 가진 문제를 찾아야 하는 단계에서조차 그것을 해결해줄 제3자에 의존하기 때문에 많은 수험생들이 '방법론'만 찾아다니는 굴레에 빠지게 되는 것이다. 처음엔 작은 변화라도 달성해보는 경험이 중요하다.

당신이 가진 문제들은 서로 복합적으로 연결되어 있으며 변화에 적응하는 데 시간이 걸릴 수도 있다. 그렇기 때문에 실천을 하면서 몇몇 부분에서 작은 실패를 경험하겠지만, 작은 실패 속에서 작은 변화를 이끌어내야 한다는 것을 명심하자.

공부는 결국 스스로 하는 것

포기하지 않는다는 것이 사실 말처럼 쉬운 일이 아니다. 계획했던 것이 틀어졌을 때 느껴지는 허탈감으로 인해 하루를 다 놓아버릴 수도 있다. 만약 이러한 이유로 포기를 자주 했다면 무엇을 성공시킬 것인지를 명확히 인지해보자. 어떻게 보면 작은 실패들에 타협하는 것처럼 보이지만, 한 번에 모든 것을 바꿀 수 없다면 차라리 그걸 인정하고 내가 바꿔야 하는 것에 집중해서 변화를 해나가는 것이 더 효과적이다.

오해하면 안 되는 것이 대충 타협하라는 의미가 아니다. 철저하게 모든 것을 바꾸려고 지향하되, 반드시 달성해야 할 변화의 지점을 인지하라는 말이다. 본인의 의지력이 매우 강해서 다음 날부터 모든 걸 바꾸고 그걸 지속할 수 있다면 더할 나위 없이 좋을 것이다. 그리고 그렇게 해나가면 된다. 다만 매번 마음을 먹지만 해내지 못하는 사람들은 지금 내가 말한 내용을 참고하면 분명 도움이 될 것이다.

요즘은 책, 인터넷, 유튜브 등에 유익한 콘텐츠들이 워낙 많기 때문에 그러한 콘텐츠들을 참고하고, 스스로 공부를 많이 하다 보면 반드시 실력이 향상된다. 그런데 정말 어려운 마지막 단계가 남아 있다. 바로 '내가 가진 문제'를 생각해보아야 하는 단계다. 수험생마다 처한 상황, 실력, 성격 등이 모두 다를 것이다. 그렇기 때문에 제3자가 절대 해결해줄 수 없는 어떤 지점이 있을 수밖에 없다. 그런데 그 전까지 제3자의 코멘트로 충분히 도움을 받았고, 공부만 하면 됐기 때문에 이 마지막 관문에서 어려움을 겪는 수험생들이 많을 수밖에 없다. 나의 문제에 대해 생각해본 적이 없고 그 문제의 원인을 생각해보고 변화를 취해보는 것 자체를 경험해본 적이 없었으니까 말이다.

그래서 수험 시장을 보면 클리닉과 진단이라는 명목하에 일회성으로 학생들을 만나서 학생의 문제를 진단해주는 프로그램도 쉽게 찾아볼 수 있다. 어느 정도 도움이 되는 부분이 있겠지만 나는 개인적으로 공부라는 것 자체가 건강 검진처럼 객관화된 평가를 하는 것이 어렵기 때문에 한계가 있을 수밖에 없다고 생각한다. 그래서 내가 수험생들을 컨설팅할 때도 개개인이 가진 문제를 좀 더 들여다보고, 그것을 해결해가는 과정을 함께하며, 문제해결적 사고를 만들어갈 뿐, 섣부르게 '진단'이라는 말은 피하려고 한다. 수험생 입장에서 '진단'이라는 표현이 매력적일 수 있지만, 쓰기에 과분한 표현이라 생각한다.

우리가 겪고 있는 불안은 원초적인 것뿐만 아니라, 자신의 잘못된 행위에서 비롯되는 것도 많다. 자신의 수험생활에 불만족스러운 상태를 줄여나가는 것이 우리가 할 수 있는 최선인 만큼 생각 없이 공부하는 기계가 되어서는 안 된다. 스스로를 들여다보는 시간이 반드시 필요한 것이다.

특히 본인이 어느 정도 노력을 한 후 결과를 봤는데 발전이 멈춘 것 같다면 제3자가 아닌 스스로 자신의 문제를 찾고 고쳐나갈 수 있어야 한다. 제3자는 당신의 머릿속을 알 수가 없다. 결국 공부는 혼자 하는 것이다. 이 책을 통해 나의 불안을 스스로 찾아내고 줄여나갈 수 있는 문제해결적 사고의 방식을 가졌으면 한다.

우리의 목적지, '몰입'

좋은 선택을 하고 주어진 시간 속에서 몰입하기

사람들마다 처해 있는 상황이 다르고 겪고 있는 문제가 다르다. 목표도 다르고 시험을 준비하는 기간도 다를 것이다. 그렇기 때문에 콘텐츠에서 전하는 메시지들을 받아들이는 것 또한 사람마다 다를 수밖에 없다. 지금 이 책을 통해 내가 전하고자 하는 메시지 또한 모든 내용을 아우르는 것엔 한계가 있겠지만, 모두가 놓쳐서는 안 될 방향성을 제시하려고 한다.

우리의 목적지는 '좋은 선택'을 하고, '주어진 시간' 속에서 가능한 한 '몰입'하는 것이라는 점이다. 당신이 현재 어느 정도의 위치에 있든 당신이 할 수 있는 것은 좋은 선택을 통해 방향을 잘 잡고 주어진 시간 안에서 최대의 효율성과 생산성을 이끌어내는 것이다. 다만 더 좋은 선택을 고민하고, 더 많은 시간을 확보하고, '몰입'할 수 있도록 고민하는 것에 차이가 있을 것이다. 분명한 것은 이것이 당신이 바꿀 수 있는 변수라는 점이다.

문제는 여러 이유로 인해 이를 인지하고 있음에도 실행으로 옮기기가 어렵다는 점이다. 특히 수험생활이라는 특수성으로 인해 '알고 있어도' 실행으로 옮기는 것은 생각보다 어렵다. 그리고 그것은 당신만 겪는 문제가 아니라, 많은 수험생들이 비슷하게 고민하는 것들이다. 우선 목표부터 명확하게 하자. 단편적인 공부법들, 자극적인 동기부여는 잠시 치워놓고 당신의 수험생활을 당신이 컨트롤할 수 있도록 해보자.

냉혹한 현실과 겸손한 자세

모든 이야기에 앞서 가장 먼저 명확히 해야 하는 것이 있다. 우리가 아무리 좋은 선택을 하고, 시간을 최대한 확보하고, 몰입을 하더라도 반드시 결과가 따라오진 않을 수도 있다. 물론 운이 따라주어 기적을 만들어낼 수도 있지만, 시험은 어떤 의미로 꽤나 정직하다. 시험의 난이도가 높거나 본인의 실력이 부족하다면 노력해도 한 번에 결과가 나오지 않을 수도 있는 법이다. 1년간 죽어라 고생했다고 무조건 다 이루어진다면 실패하는 사람은 이 세상에 존재하지 않을 것이다.

자신감을 없애는 것이 아니라, 시험이라는 것이 그만큼 냉혹하다는 것을 먼저 받아들이자는 것이다. 그리고 그걸 감수하고서라도 당신이 임할 준비가 되었다면 도전자의 위치에서 겸손하게 최선을 다하면 된다. 그러면 때론 불가능한 것도 당신의 노력에 운이 더해져 기적처럼 이루어질 것이고, 아니라면 다음의 도전에서 실력으로 해낼 수 있을 것이다.

실행력을 가로막는 장벽들

아무래도 차분하게 잘하고 있는 수험생들보다는 어떤 이유로든 어려움을 겪고 있는 수험생들이 이 책을 펼쳐보았을 것이다. 각자 어려움은 다르겠지만, 분명한 것은 자신의 수험생활에 불만족하고 있을 것이라는 점이다. 누군가는 그 이유를 알고 있지만 고치지 못하고 있을 수도 있고, 혹은 알고 있다고 착각하지만 실은 알고 있지 못하는 상태일 수도 있다. 또 누군가는 전혀 갈피를 잡지 못하고 무기력한 상태에서 다짐만 반복하고 있을 것이다. 이들 모두가 자신의 수험생활에 그다지 만족을 느끼지 못하고 있을 것이고 공부에 몰입하는 게 쉽지 않을 것이다.

앞서 이야기한 것처럼 아무리 공부법 콘텐츠들을 참고한다 하더라도 하나의 문제는 다른 문제를 파생하고 그 문제들이 서로 복잡하게 얽혀 있다 보니 쉽게 해결되지 않는다. 그리고 해결하지 못하는 자신을 탓하며 부정적인 감정에 사로잡히게 된다. 시간이 지날수록 초조함은 커지고, 자리에 하루 종일 앉아 있지만 생산성은 점차 떨어지는 자신의 모습에 힘들어했던 경험이 있을 수도 있다. 복잡하게 생각하지 않고 그저 지금 내가 마주하고 있는 과제에 집중하면 더 생산성이 높을 텐데, 자꾸 나를 송두리째 바꿔놓을 멋진 동기부여와 계획 그리고 방법론에 의존하게 된다.

수험생들을 보면 그중에 정말 단순하고 때론 무데뽀 같은 태도로 수험생활에 임해 성공한 사례들도 있다. 나도 운동선수 출신의 학생을 지도한 경험이 있었는데, 그 학생이 운동만 해오다 보니 처음 실력은 정말 바닥에 가까웠다. 나조차도 그 정도 등급을 경험해본 적이 없었기 때문에 가르치기가 쉽지 않았다. 생전 책상에 앉아본 적도 없어 앉아 있기도 힘들어하던 그 학생이 하루 종일 앉아 있고, 본인이 이해하기 어려운 것들을 숙제라는 이유로 어떻게든 꾸역꾸역 했던 것을 생각하면 그 친구가 겪었을 고통은 가늠하기도 어렵다.

1년간 30점대였던 점수가 80점대까지 오르는 것을 보면서 어떻게 버텼는지 물어보니 흥미로운 답변이 돌아왔다. "그냥 선생님이 그렇게 하면 된다고 해서요." 정말 명료하고 단순했다. 물론 모두가 그저 시키는 대로 한다고 해서 성공하는 것은 아니다. 다만 이 사례를 통해 전하고 싶었던 메시지는 바로 무데뽀 정신의 힘이다. 그러한 힘은 우리가 겪을 수밖에 없는 작은 실패들을 버틸 수 있게 만든다. 포기하고 싶은 순간에 한 번 더 나아갈 수 있는 힘이 당신에게 있다는 것은 정말 중요한 부분이다.

그렇다고 해서 생각 없이 무분별하게 공부를 해도 된다는 말이 아니다. 처음엔 완벽하게 효율적으로 한다는 것이 어렵고, 당신이 겪게 될 어려움은 생각보다 클 수도 있다. 공부를 하려고 하루 종일 앉아 있었는데 막상 결과를 보면 턱없이 적어 보일 수 있고, 내 주변에 있는 경쟁자들이 치고 나가는 것을 보면 박탈감도 클 것이다. 특히 똑똑하고 완벽주의 성향이 강한 사람들, 소위 메타인지가 잘되는 사람들은 더더욱 무작정 무언가를 해본다는 것이 어려울 것이다. 작은 실패들을 버티고 이어나가기 위해선 용기와 믿음이 필요하다. 나는 그걸 시쳇말로 '무데뽀 정신'이라 부르고 싶다.

그리고 실패 경험을 극복한 사람들(멘토, 롤 모델, 선생님 등)의 사례를 보면서 '그러한 경험을 나만 하는 것이 아니니까 나도 좀 더 버텨야겠구나' 하는 마음을 배우면 좋겠다. 멘토, 롤 모델, 선생님들은 당신의 전부를 책임져주는 존재가 아니라, 당신이 힘든 순간에 포기하지 않고 나아갈 수 있게 하는 존재다. 이 책에는 수많은 실패 사례와 그것을 긍정적으로 바꿔본 나의 경험이 주로 나온다. 이 책을 읽으며 종종 당신의 고민들을 직접 마주할 수도 있다. 그때 이 책을 통해 당신이 마주한 어려움들을 버틸 수 있는 믿음을 가질 수 있기를 바라는 마음이다. 복잡한 생각들은 다 내려놓고 하나씩 따라가보자.

멈추고, 잘라내고, 행동하라!

내가 가장 인상 깊게 읽은 책은 마이클 하얏트(Micheal Hyatt)의 《초생산성》(정아영 역, 로크미디어, 2021)이라는 책이다. 책에서 직접적으로 공부에 대한 이야기를 하지는 않고 '생산성을 높이는 법'에 대한 이야기를 다룬다. 이 책이 인상 깊었던 이유는 내가 수험생들에게 전해온 메시지와 비슷했기 때문이다. 핵심적인 메시지는 바로 '잘라내기'다. 해야 할 것들이 많고 시간은 없기에 계획을 아무리 빡빡하게 짠다고 해도 당신이 해낼 수 있는 것은 아니다. 공부를 잘하고 있는 사람들의 높은 효율성을 처음부터 바랄 수는 없다. 그러나 처음부터 그러한 효율성을 바라면서 스트레스를 받으며 실패하는 수험생들이 너무 많다.

대부분의 공부법 콘텐츠들이 "많은 양을 독하게, 효율적으로 하라" 하고 이야기한다. 누군가는 그러한 콘텐츠에 도움을 받겠지만, 어쨌든 나 스스로가 그러한 것이 말처럼 쉽지 않았고 불가능한 것을 강요받는 듯한 느낌을 받았다. 그리고 나와 비슷한 고민을 하는 수험생들이 적지 않고 성공한 극소수의 사례들 때문에 따라가지 못하는 자신을 탓하고 있다는 것도 알고 있었다. 무리해서 하루이틀 한다 하더라도 우리 몸은 분명 한계가 있다. 무리한 계획을 짤 때는 마음의 위안을 받을지 몰라도 정작 그 계획을 실행하는 단계에선 극도의 스트레스를 받게 된다. 그렇다면 답은 명확하다. 내가 몰입할 수 있도록 '성공 가능한 계획표'를 만들어야 한다. 내 능력이 하루아침에 향상될 수는 없기 때문에 현실 가능한 계획을 위해 욕심을 조금 내려놓아야 한다. 잘라내야 한다는 것이다.

"해야 할 것이 많은데 해야 할 것을 줄여야 한다"라는 말이 어쩌면 역설적으로 들릴 수 있다. 학생들이랑 컨설팅을 할 때도 가장 많이 듣는 이야기 중 하나고, 이렇게 얘기해도 욕심을 버리기 어려울 것이다. 줄이고, 잘라내라는 것을 공부를 덜 하라는 메시지로 오해해서는 안 된다. 공부는 언제나 가능한 한 많이 해야 한다. 단지 당신이 할 수 있는 역량이 지금으로선 한계가 있으니, 그것을 인정하자는 것이다. 달성 가능하고, 지속할 수 있고, 성공 경험을 만들어갈 수 있는 계획을 만들어가자는 지극히 당연한 이야기다. 그러면 긍정적으로 공부량도 점차 더 늘려갈 수 있다.

공부는 가속도가 생긴다는 것을 명심하자. 당신이 실천을 지속할 수만 있다면 초반의 더딘 학습 속도가 절대 계속되지 않는다. 초반에 잘라내기를 통해 겪을 상실감, 박탈감을 버티면서 잘 쌓을 수 있다면 초반에는 불가능할 것 같던 것들이 어느 순간 이루어지게 된다. 이 책은 성공적인 계획표를 만들기 위해 당신이 생각해야 할 것들을 제시하고, 그 과정에서 겪게 될 어려움들을 미리 알려주어 버틸 수 있는 정신을 갖게 만드는 것을 목표로 한다. 세부적인 측면에서 과목별 공부법, 암기법, 자극을 위한 동기부여, 멘토의 공부법 등 좋은 콘텐츠들을 활용하는 것도 좋다. 어떤 콘텐츠를 참고하든 우리의 최종 목적지는 '몰입'을 하면서 자신의 수험생활을 컨트롤해가는 것임을 잊지 말자.

2장

나에게 필요한
공부 방식은 따로 있다

'좋은 선택'이 필요하다

선택 상황에서 겪는 어려움

시간은 한정적이며 선택에는 항상 기회비용이 따른다. 사회적으로 많은 분야들이 세분화, 전문화되고 경쟁은 점점 치열해지고 있다. 선택에 있어서 신중해질 수밖에 없고 의사결정을 한다는 것 자체가 큰 부담이 되어가고 있다. 선택의 압박이 커져감에 따라 더 좋은 선택을 고려한다는 이유로 결정하지 못한 채 시간을 낭비하거나 선택을 다음으로 미루게 되는 경향도 쉽게 볼 수 있다. 크게는 대학 진학, 자격증, 고시 등 진로 선택의 문제부터 작게는 어떤 강의를 들을 것인지, 어떤 교재를 구매할 것인지, 공부하는 장소는 어떻게 정할 것인지 등 우리는 수없이 많은 선택 상황에 놓이고 그 상황 속에서 어려움을 겪는다.

스스로 어떤 기준을 갖고 선택을 해왔는지에 대해 한번 되돌아보자. 당신이 주도적이지 않은 선택을 했거나, 선택의 이유에 대해 기준이 없다면, 당신은 선택을 한 이후에도 항상 선택하지 않았던 기회비용을 더 매력적으로 느끼거나 후회를 했을 가능성이 높다. 수험생들의 강의 선택 방식을 보면 이러한 모습을 쉽게 찾아볼 수 있다. 우선 학원, 과외, 인터넷 강의 등 공부할 수 있는 방식이 다양하다. 매력적으로 포장된 강의 홍보 자료와 커뮤니티에서의 "누가 좋다더라" 하는 이야기로 인해 더욱 선택의 혼란을 겪는다. 이로 인해 자신의 수준을 제대로 고려하지 못한 채 좋다는 수업만 쫓아다니거나, 좋다는 것을 다 하려다 정작 하나도 제대로 하지 못하게 되는 것이다. 마치 게임할 때 아이템 구매를 하는 것처럼 여러 선생님의 강좌를 쇼핑하듯 찾아다닌다.

절대적으로 옳은 기준이란 없으며 자신의 스타일에 맞는 공부 방식이 존재한다. 따라서 충분히 주변의 말을 참고하고 신중히 고려하되, 최종적인 순간엔 많은 것들을 듣고 종합하며 분명한 자신의 기준을 갖고 주체적으로 선택해야 한다. 그리하지 않는다면, 계속해서 선택하지 않은 것들에 대한 회한이 남을 것이다.

선택을 해야 경기가 시작된다

어쩌면 선택이라는 것 자체가 두려운 것일 수 있다. 하지만 아무

것도 선택하지 않고 아무것도 하지 않는다면 내가 얻을 수 있는 것도 없다. 때론 선택하지 않는 것도 하나의 선택이라고 볼 수 있지만, 적어도 노력의 측면에서 결정하지 않고 멈춰 있다면 출발선에서 남들이 출발할 때 앞으로 벌어질 일만 염려하고 있다는 의미다. 올바른 방향을 고민하는 것은 중요하지만, 적절한 때를 놓친다면 이미 나가고 있는 사람들과의 격차를 좁히는 것이 점점 어려워진다. 많은 콘텐츠들에서 "무엇이라도 실행하라" 하고 말하는 이유도 비슷한 맥락이다. 뭐라도 실행을 한다면 그것이 '최상'의 아웃풋은 아니더라도 안 하는 것보단 나을 테니까 말이다.

게다가 실천하는 과정에서 예상치 못한 기회와 가능성이 생기기도 한다. 어릴 때부터 공부를 해온 학생들이 공부를 잘하는 경우가 많은 이유도 그들에겐 '충분한 경험을 쌓아올릴 수 있는 시간'이 있었기 때문이다. 공부를 잘하는 학생들 모두가 좋은 공부법, 최고의 학원의 도움을 받은 것은 아니다. 그들도 처음에는 비효율성을 겪었을 것이다. 다만 충분한 경험치와 시행착오를 겪을 여유가 있었기 때문에 비효율성이 어느 시점에서 자신만의 방식으로 효율적인 공부법으로 변화했을 것이다.

시행착오를 겪을 시간적 여유가 없기에 더 효율성에 집착하게 되는 심리가 생길 수밖에 없다. 다만 명심할 것은 선택은 출발의 신호탄을 쏘아올리는 것이라는 점이다. 상황이 어떻든 경쟁자들은 기다려주진 않는다. 결국, 당신이 선택의 신호탄을 쏘아 올렸을 때 경주가 시작된다. 그리고 아무리 효율적으로 달리더라도 이미 많이 벌어진 격차를 뒤집을 수는 없다. 신중하게 선택하되, 선택이 미뤄지면 때를 놓칠 수 있다는 것을 잊어서는 안 된다. 리스크에 지레 겁먹고 선택을 피하는 우를 범하지 말자.

완벽한 선택은 없다

문제는 좋은 선택이란 도대체 무엇인가에 대한 부분일 것이다. 대부분의 사람들은 선택을 하고 싶어도 수많은 선택지 속에서 무엇을 골라야 할지 모른다. 특별히 롤 모델이 있거나, 자신만의 강한 신념이 있지 않은 이상 일반적으로 사람들은 가보지 않은 길에 두려움을 느끼기 마련이다. 모든 선택에는 리스크가 따르기에 잘하고자 하는 마음에 선택에 신중을 기하는 것은 당연하다. 세상 그 무엇보다 시간은 소중하니까 말이다. 하지만 완벽한 선택은 없다. 완벽해 보이는 선택도 그것을 다 경험해보기 전까진 모르는 것이다.

수험생들은 수많은 선택의 순간을 맞이하게 된다. 고등학생이라면 대학 진학을 할 것인지, 다른 길을 물색할 것인지 고민한다. 공부를 할 때는 어떤 교재를 택할지, 어떤 강의를 들을 것인지 등 수많은 선택의 기로에 놓인다. 그리고 이 과정에서 정말 많은 수험생들이 조금씩 발만 담근 채 진득하게 하지 못하곤 한다. 선택의 가성비, 완벽한 선택이라는 명목하에 비교만 하다가 실행력 부족의 문제로 결실을 맺지 못하는 것이다. 나 또한 수험생 때 강사들을 비교하느라 시간 낭비를 많이 했다.

'완벽'의 함정에 빠져서는 안 된다. '완벽'에 집착하게 되면 벌어지지도 않은 모든 일들을 걱정하느라 선택을 미루게 되고, 선택한 후에도 선택한 것에 집중하지 못하게 되며, 사소한 것들에 집착하게 된다. 그러고 나서 결국 다른 선택지로 눈을 돌리게 된다. 많은 수험생들이 여러 선생님들의 커리큘럼을 갈아타거나, 여러 학원으로 옮기는 심리도 이와 비슷하다. 이런 경우 절대 다수는 일주일도 겪어보지 않고 섣불리 판단을 내려버린다. 결국 다시 신호탄을 쏘러 출발선으로 되돌아가는 꼴이다.

헨리 포드(Henry Ford)는 "선택하지 못하는 것은 종종 잘못된 선택보다 더 나쁜 결과를 가져온다"라고 했다. 모든 선택에는 장점과 단점이 있기 마련이다. 또한 선택을 한 후에 그것을 실행하는 과정에서 자신이 예상치 못했던 좋은 점과 나쁜 점이 생기는 법이다. 장점만 가득한 선택은 거의 없다. 그렇게 좋은 것이면 이미 모두가 그것을 선택했을 것이다. 선택의 기준 또한 절대적인 것은 아니다. 누군가에겐 직업의 안정성이 큰 가치일 수도 있고, 누군가에겐 남들보다 더 큰 리스크를 짊어지더라도 더 큰 대가가 따르는 선택을 하고 싶을 수도 있다. 학원이 잘 맞는 사람이 있을 수 있고, 인강이 더 잘 맞는 사람이 있을 수 있다. 선택의 문제에 '완벽한 정답'은 없다.

완벽한 선택보다는 최선의 선택으로

당신이 수험생이 아니라면, 좀 더 여유를 갖고 충분히 고민해보고 시행착오를 겪어봐도 좋다. 다만 수험생이라는 특수한 상황이라면 제한된 수험 기간 내에 결과를 만들어야 하기에 어쨌든 선택을 해야만 하는 상황에 놓이게 된다. 시간은 없고, 효율적으로 해야 하는 만큼 '좋은 선택'에 대한 신중함은 클 것이다. 이는 당신뿐만 아니라 많은 수험생들이 겪는 상황이다. 이러한 상황에서 선택을 미루거나 '완벽한 선택'이라는 압박으로 인해 선택한 것에 제대로 집중하지 못한다면, 결국 다른 방안으로 바꾸게 되는 악순환이 벌어질 것이다.

이 문제를 해결하기 위해 완벽한 선택이 아니라, '최선의 선택'을 한다는 생각으로 관점을 전환해보자. 애초에 완벽한 선택이라는 것은 없다. 만약에 완벽해 보이는 선택지가 있다면 그건 당신의 맹목적인 신념일 수도 있다. 완벽하다는 애매한 기준은 우리의 실행력을 떨어트릴 때가 많다. 섣불리 선택하라는 것은 절대 아니다. 생각 없이 실행하라는 의미도 아니다. 충분히 주변에 물어도 보고, 충분히 조사도 하며, 신중하게 방향을 정해야 한다. 완벽한 선택이라는 강박에서 벗어나 최선의 선택이라는 관점으로 접근하면, 이전보다 '결단'을 내리기 쉬워진다. 나에게 어떤 가치가 더 클지를 비교하는 것은 막연히 완벽한 선택을 좇는 것보단 수월하니까 말이다. 무엇보다 완벽한 선택이라는 게 없다면, 그때그때의 최선의 선택을 이어나가는 것이다.

놓여진 선택 사항 중에서 당신에게 무엇이 더 가치 있을지에 대한 기준은 앞서 이야기한 것처럼 사람마다 다를 수 있다. 대학을 가기로 결정할 수도, 가지 않기로 결정할 수도 있다. 학원을 갈 수도, 독학을 할 수도 있다. 비교했을 때 내가 배제해야 하는 선택이 있다면 지우도록 하자. 나에게 더 큰 가치가 있는 선택이 있다면 그게 바로 최선의 선택이 될 것이다. 선택지를 비교해보며 주체적으로 선택했다면 그 선택에 더 몰입하기 쉬울 것이다. 그리고 그 선택에 몰입하다 보면 당신이 선택하던 순간엔 보이지 않던 여러 가능성이 보이기 시작할 것이다.

가능성을 위한 좋은 생각 Tip

1. 선택은 신호탄이다.
2. 수험생은 어쨌든 선택을 해야 한다.
3. 완벽한 선택에 대한 압박이 당신의 실행력을 막을 수 있다.
4. 완벽한 선택보다는 최선의 선택을 하라.
5. 신중히 선택하고, 선택에 몰입하라.

나의 부족함을 찾아내는 방법

본인도 모르는 자만의 굴레

준비 기간, 실력, 시험 당일의 운의 요소 등으로 인해 누구나 수험생활에서 실패를 경험할 수 있다. 하지만 실패를 대하는 태도에 따라 누군가는 1년을 공부해도 크게 달라지지 않는 반면, 누군가는 1년 만에 기적적인 변화를 만들어내기도 한다. 나는 대학 입시에서 두 번의 실패를 경험했다. 그리고 대학에 입학한 이후에 6년가량 재수학원에서 실패를 경험한 수험생들을 많이 볼 수 있었다. 아무 생각 없이 재수를 하는 수험생들도 많지만, 많은 학생들이 자신의 실패를 딛고 1년의 시간을 더 치열하게 수험생활에 쏟아붓는다. 그런데 공부 좀 했다는 수험생들, 첫 시험을 치면서 내용을 한 번 정도 훑었다는 수험생들, 운이 없어서 결과가 안 좋았다는 수험생들이 범하는 실수가 있다. 바로 그들은 자만에 빠지기 쉽다는 것이다.

한 번 들었던 수업 내용, 한 번 풀어봤던 문제를 다시 공부할 때 많은 학생들이 '시간 아깝다'라고 생각하기 쉽다. 나만 하더라도 재수를 하면서 같은 인터넷 강의만 두세 번을 듣다 보니 선생님 농담까지 외울 정도였다. 기출 문제는 이미 열 번 가까이 본 상태에서 삼수를 시작하니 도대체 무엇을 해야 할지 막막했다.

"5등급에서 2등급 가는 것보다 2등급에서 1등급 가는 것이 어렵다"라는 말이 괜히 있는 것이 아니다. 공부를 처음 시작할 때는 모르는 것 투성이다 보니 공부할 때마다 뭔가 알아가는 느낌이 크지만, 점점 모르는 것보다는 아는 것이 많아지고 부족한 것을 찾는 것이 어려워 답답함이 쌓인다. 그러니 많은 수험생들이 공부를 하면서도 '이미 아는데'라는 생각이 지배적일 수밖에 없는 것이다. 이렇게 수험생활이 시작되고 막연히 '열심히 하자'라는 마음만 갖고 있으면, 아는 것만 형식적으로 반복하다 수험생활의 맥이 빠져버리게 된다. 그리고 그 과정에서 슬럼프를 겪거나, 지쳐서 유혹에 쉽게 흔들리는 수험생들을 많이 보았다.

실패한 데에는 이유가 있다

소위 '근자감'이라고 하는 '근거 없는 자신감'이라도 갖고 있어야 높은 산을 넘어갈 수 있다. 하지만 마음 한편에는 '내가 실패한 데에는 이유가 있다'라는 마음을 가져보자. 실력을 갖추고 있을수록 의도치 않게 자만이 생길 수 있다. 나도 모르는 사이에 선생님을 평가하고 있고, 좋은 수업과 그렇지 않은 수업을 구분하고 있다. 나아가 문제의 퀄리티까지 평가하고 있는 수험생들을 커뮤니티만 보더라도 수없이 찾아볼 수 있다. 그러한 태도로 수험생활을 임하게 되면, 나의 부족함은 찾지 못하게 되고 내가 알고 있는 것에 고착화되고 나와 다른 것은 배척하게 된다.

많은 학생들이 시험 당일에 운이 없었다고 말한다. 정말 천재지변과 같이 운이 없었을 수도 있지만, 수험생들과 이야기하고 실패의 과정을 들어보면 운이라고 말하는 것들의 많은 부분이 통제 가능한 변수인 경우가 많다. 다시 말해, 노력하면 줄일 수 있는 변수가 있음에도 운이 없었다는 이유로 외면해버린다는 것이다. 대표적으로, 보통 시험에는 고난도 유형이 있기 마련이다. 그래서 시험 당일까지 고난도 훈련을 열심히 하지만, 많은 수험생들이 '그럼에도 만약에 못 푼다면 어떡하지?'라는 생각까진 하지 않는다.

개인적으로 나는 수능 공부를 할 때 영어 영역에서 빈칸 추론을 어렵게 느꼈는데, 시험 당일까지 열심히 공부해도 못 풀 수도 있을 것 같다는 생각을 했다. '난 풀 수 있다'라는 자신감은 있더라도 끊임없이 '그럼에도 못 푼다면 어떻게 대응할까?' 하고 되뇌었다. 왜냐하면 그 상황에 닥쳐서 뭔가를 고민하기 시작한다면 이후의 판단이 전부 흐려질 수밖에 없기 때문이다. 그렇기 때문에 다른 것들이라도 잘 풀어내기 위해 막혔을 때 어떻게 넘어갈 것인지를 고민했다.

배움의 자세는 부족함을 인정하는 것

'나의 실패엔 이유가 있다'라는 생각으로 관점을 바꾸면, 배움의 자세가 생긴다. '이미 수없이 본 기출 문제, 반복해서 들었던 강의라서 나는 99% 가까이 알고 있어'라는 마음에서 '내가 놓친 것에서 내게 부족한 부분이 있을 거야'라는 마음으로 관점이 바뀌면, 나머지 1%를 찾아내기 위해 더 간절하게 노력하게 된다. 당신이 운이라고 치부해버린 것도 누군가는 그 변수를 줄이고자 고민을 한다. 하물며 잠자는 패턴까지 맞추는 수험생들도 있고, 먹는 식단까지도 변수를 줄이기 위해 고민하는 수험생들도 많다.

나름대로 열심히 했는데도 실패했다면 더더욱 조심해야 한다. 그대로 열심히 해서 운이 좋다면 좋은 결과가 나올 수도 있지만, 당신이 놓친 것이 있을 수도 있다. 보려 하지 않으면 보이지 않는 법이다. 매일 아는 것을 반복하는 것과 같은 느낌은 정말 답답하다.

한번은 지나가는 얘기로 "수험생활은 마치 돌을 수건으로 매일 닦는 것과 같다"라는 말을 들은 적이 있는데 그 말을 듣고 참 좋은 비유라는 생각이 들었다. 아는 걸 또 해야 한다는 답답한 마음이 아니라, 어떻게든 부족한 것을 찾아내기 위한 마음이 필요하다. 차분하게 돌을 닦는 것처럼 말이다. 당신이 알게 모르게 자만에 빠져 있을 수도 있다. 나의 실패를 인정하고, 부족한 점이 있으리라는 전제하에 그것을 고쳐나가기 위해 고민하자. 그래야 비로소 내게 부족했던 것들이 보이기 시작한다. 배움의 자세는 나의 부족함을 인정하는 것에서 시작한다는 것을 명심하자.

불안과 걱정으로부터 벗어나라

데일 카네기의 '걱정'에 대한 메시지

자기계발 분야와 관련한 도서를 찾다 보면 데일 카네기(Dale Carnegie)의 책을 한 번쯤 보게 된다. 지금도 서점을 가면 꽂혀 있는 책이 아니라, 소위 '누워 있는 인기 책'으로 쉽게 찾아볼 수 있다. 자기계발과 관련한 책들이 정말 많고 읽다 보면 비슷한 메시지들이 반복되는 것을 느낄 수 있다. 때론 진부하다는 느낌이 들 만큼 내용들이 크게 다르지 않다. 반대로 생각하면 성공의 방정식이라는 것은 그 맥락은 다를지라도 어느 정도 비슷한 요소를 공유하고 있다고 생각해볼 수도 있다. 문제는 이미 그러한 내용들을 머리로는 알고 있는데 오늘도 '실행'을 해낸다는 것이 어렵다는 것이다.

이미 읽었던 책이라도 다시 읽으면 그 의미가 다르게 와닿을 때가 있다. 이미 알고 있는 진부한 내용이라 하더라도 그것을 전달하는 방식과 상황과 타이밍에 따라 누군가는 마음에 떨림을 느끼게 되고 누군가는 여전히 진부하게 느낄 것이다. 어쨌든 어떤 책의 내용에서 당신의 마음에 떨림을 주는 한 가지라도 잘 가져간다면 충분하다. 그리고 그것을 계기로 하나라도 변화를 이뤄낸다면 이후에 많은 변화가 따라오게 된다.

데일 카네기의 책을 읽으면서 나에게 가장 와닿았던 부분은 '걱정'에 대한 그의 생각들이었다. 그의 메시지를 요약해보자면 세 가지로 말할 수 있다. 첫째, 과거에 일어난 일들을 끊어내고 미래를 두려워하지 말자. 둘째, 오늘을 충실하게 살아가자. 셋째, 한 번에 하나의 일을 하자. 단순한 이 메시지는 특히 걱정과 불안으로 인해 자신이 해야 할 것에 집중하지 못하는 수험생들이 반드시 새겼으면 한다.

미래에 대한 걱정 때문에 현재가 망가진다

정도는 다를지라도 수험생들은 걱정과 불안을 느끼기 쉽다. 특히 시간은 한정적이고 해야 할 것은 많다 보니 '계획'에 대한 고민이 많다. 많은 수험생들이 미래에 대한 고민을 하느라 정작 현재에 집중하지 못한다. 공부를 하면서도 남아 있는 계획에 쫓기고, 공부를 마친 후에도 당장 오늘의 달성도에 불만족해 처음부터 계획을 뒤집곤 한다. 나의 마음가짐을 송두리째 바꿔줄 자극을 찾고 혁신적인 공부법 등을 검색하기도 한다. '내가 현재 집중하지 못하는 이유는 내가 어떤 비법을 모르기 때문이야'라고 생각하고 비법에 의존하게 되는 것이다. 이런 수험생들은 현재에 집중해야 한다는 것을 알지만 미래를 생각하지 않을 수 없는 딜레마 상황에 놓여 수험생활이 꼬이기 시작한다.

계획의 실패가 반복되면서 더 큰 문제가 발생하는데, 그건 바로 실패로 인한 무기력이다. 반복되는 계획의 실패로 인해 자신감이 떨어지게 되며 스스로 벗어날 수 있다고 말은 하지만 자기 자신을 믿지 못하는 아주 위험한 상태가 된다. 또 계획을 짜고 있지만 오늘도 실패할 것 같다는 생각이 밀려온다. 이는 나의 경험이기도 하지만 비슷한 고민을 겪는 수험생들도 많이 볼 수 있었다. 잘하고자 하는 마음이 오히려 나의 실행력을 떨어트리는 상황이기 때문에 답답함의 안개 속에 갇혀 있는 기분이다.

과거를 끊어낸다는 것

현재는 과거의 나의 선택들이 쌓인 결과물이다. '작심삼일(作心三日)'이라는 말처럼 마음을 먹더라도 그것을 3일 이상 지속한다는 것은 어렵다. 습관이 그만큼 무서운 힘을 가지고 있다. 하지만 발상을 전환하면 전혀 다른 이야기가 된다.

3일을 버티기 시작하면 그 이상을 버티는 힘이 생기고 어느 시점에서는 습관을 깨기 싫어서라도 실천할 수 있다는 것이다. 오늘 마음을 먹는다고 과거에 내가 못했던 것들이 한 번에 잘될 수는 없다. 하지만 과거의 문제에 사로잡히지 말자. 물론 쉽지 않을 수 있다. 그러나 그렇게 생각이라도 하고 문제에 부딪히고, 그 문제 상황 속에서 좋은 선택을 하면 된다. '내가 끊겠다고 한 것들을 끊어낸다'라고 생각하자. 금단 현상에 대한 걱정은 미뤄두고 일단 끊어내려고 마음먹고 유혹의 순간이 오면 한 번 제대로 행동해보자. 과거의 내가 어떠했든 지금부터 끊어내면 된다. 이미 내가 어떤 행동을 해야 할지 스스로 답을 알고 있다.

과거의 문제들이 분명 현재에 여전히 영향을 줄 테지만 스스로 '과거는 끊어내고 지금부터 내가 할 수 있는 것을 차근차근 대처하겠다'라는 마음으로 시작해야 한다. 다시 말하지만, 그렇게 마음먹더라도 여전히 과거의 잘못된 습관들이 당신의 몰입을 방해할 것이다. 그러나 중요한 건 원래 그러한 불편함에서 변화가 시작됨을 아는 것이다.

늦잠자고, 놀고 싶고, 핸드폰을 하는 등 자신의 부족한 점을 지금부터 완전히 끊어낼 수 있다는 마음으로 시작하자. 과거의 행동을 후회한다 한들 당신이 바꿀 수 있는 것은 없다. 잘못해온 것들을 반성하는 것은 좋지만, 과거에 사로잡히지 말고 앞으로의 행동을 개선해 나가는 것에 집중하는 것이 중요하다.

오늘을 충실하게 살자

우리는 해야 할 일을 행하고 있지 않을 때 불안을 느낀다. 수험생은 공부를 하고 있지 않을 때 불안이 커질 수밖에 없다. 물론 겉보기엔 자리에 앉아 있지만, 속으로는 집중하지 못하고 온갖 생각에 사로잡혀 있을 수도 있다. 만약 공부는 안 하면서 걱정만 앞서고 있다면 지금부터는 달라져야 한다. 우리는 이미 답을 알고 있다. 스스로 공부를 하고 있는지 여부를 제3자는 속일 수 있어도 스스로는 속일 수 없다. 결국 내가 공부를 제대로 못하고 있으면, 결과가 좋지 못할 것을 아니까 불안은 더욱 커지는 법이다. 수험생이 불안을 줄이는 가장 좋은 방법은 일단 공부를 하는 것임을 명심하자. 당신이 불안한 이유는 공부를 부족하게 하고 있기 때문일 가능성이 높다.

어차피 지금 할 수 있는 건 정해져 있다. 과거의 나를 끊어내려고 마음을 먹어도 당장 내일에 대한 걱정이 밀려오기도 하고, 과거의 좋지 않은 습관들이 튀어나올 수 있다. 계획을 세웠는데 계획이 내가 생각한 것보다 오래 걸려 틀어질 수도 있다. 아마 짜증도 많이 나고 집중력도 낮은 상태일 것이다. 그러나 그 상태가 본인의 현재 상태임을 받아들이고 본인이 지금 할 수 있는 한 가지씩만 신경쓰자.

해야 할 것들이 많고, 지금 페이스로는 계획을 다 끝내지 못할 것이 걱정된다는 건 충분히 이해한다. 하지만 그런 이유로 오늘을 멈추고 또 나를 구원해줄 새로운 자극을 찾으러 자리에서 일어난다면 또 제자리로 돌아가 출발선에 서는 것밖에 안 된다. 당신의 현재 상태를 인정하고 계획을 만들어가는 것이 중요하다. 해야 할 것들이 많은 것은 이해하지만, 어쨌든 당신이 소화할 수 있는 속도와 양은 정해져 있다. 실력은 부족한데 시험은 코앞이라면 긍정적인 마음가짐을 유지하는 것이 정말 어려울 수밖에 없다. 남들은 총 들고 전쟁터 나가는데 나는 창 하나 들고 나가는 느낌이 드는 것이 당연하다.

과거의 나는 잊어라. 내일을 생각하되, 내일을 염려하느라 시간을 낭비하지 말자. 어차피 내가 지금 할 수 있는 것은 정해져 있다. 바로 지금을 최선으로 보내는 것뿐이다. 중요한 건 그렇게 오늘을 충실하게 살면 그간 느껴왔던 불안이 생각보다 금방 사라진다는 것이다. 나만의 이야기가 아니라 수많은 자기계발 책들에서도 공통적으로 강조하는 이야기이고, 내가 변화를 직접 목격했던 것이기도 하다. 이미 스스로 나름의 돌파구를 충분히 고민해봤을 것이다. 그래도 아직까지 바뀌지 않았다는 것은 새로운 변화가 필요하다는 뜻이다. 속는 셈 치고 하루만 걱정 말고 당장 내가 끊어야 할 것들을 끊고 오늘 할 것들에 집중해보자.

나를 가장 잘 아는 사람은 '나 자신'이다

결국 스스로 고민하고 결정하는 것

수험생들로부터 "몇 시간 동안 공부해야 하나요?", "몇 시간을 자는 것이 좋나요?" 등의 질문을 자주 받는다. 이런 질문에 대해서 충분히 개인적인 답변을 해줄 수 있지만 사실 정답은 없다. 사람마다 각자의 상황이 다르고, 타고난 역량도 다르다. 공부를 하는 스타일도 다르고, 선호하는 환경도 다를 수 있다. 물론 성공한 사람들의 공통점을 토대로 기준을 잡고 간다면 성공의 확률을 높일 수 있다.

우리가 흔히 일타강사들의 강의를 듣는 이유도 가장 성공의 확률을 높일 수 있기 때문이며, 가능성이 높은 확률의 선택지를 택하는 것은 불확실성을 줄일 수 있는 좋은 선택의 기준이 된다.

그러나 아무리 실패 확률이 낮더라도 결국 내가 그 낮은 실패 확률에 포함되는지 여부가 중요하다. 아무리 보편적으로 좋은 강사더라도 나에게 맞는지 여부가 가장 중요한 문제라는 것이다. 가보지 않은 길이기에 수험생은 불확실성으로 인한 불안을 느낄 수밖에 없다. 그렇기 때문에 위와 같은 질문들을 통해서 심리적인 위안을 얻고 싶어 하며, 불확실성을 잡아줄 어떤 기준을 갖고 싶어 한다. 그러나 이러한 질문에 정답은 없다.

좋은 결과를 얻은 멘토가 열 시간을 공부하라고 말했다고 치자. 그 말대로 열 시간을 공부한다고 성공이 보장되는 것도 아니고, 아홉 시간을 공부한다고 실패를 하는 것도 아니다. 한번은 스터디코드 조남호 대표의 유튜브를 보다가 'SKY를 진학한 사람들의 공통점'이라는 콘텐츠를 보았다. "후회 없을 만큼 공부했다", "다시 돌아가면 그렇게 하진 못할 것 같다"라는 내용이었는데, 이 이야기가 위의 질문들에 대한 정답에 가깝다고 생각한다. 모호하고 애매한 기준으로 인해 결국 답답함과 막연함을 느낄 수 있다. 하지만 자신의 최대치를 만들어내기 위한 나만의 기준을 고민해 나가야 한다.

어떻게 해야 할지 감을 잡기 어렵거나, 방향을 잡기 어려울 때 누군가에게 조언을 구하는 것은 큰 도움이 된다. 선택의 순간에 보편적으로 높은 확률을 가진 선택을 하는 것도 좋은 방법이 될 수 있다. 그러나 항상 두 가지를 잊지 말아야 한다. 첫 번째는 그 선택이 나에게 맞는지를 확인해가야 한다는 것이고, 두 번째는 나의 최대치를 끌어올리기 위해 부단히 노력해야 한다는 것이다. 정리하면, 누군가의 조언을 참고하되 결국 나 스스로 고민하고 결정하는 과정을 겪어야 한다는 것이다. 시키는 대로 하는 것도 쉽지는 않지만, 시키는 것만 하는 것이 어쩌면 마음도 편하고 불안도 적을 것이다. 하지만 제3자의 기준에 의존하다 보면 점차 자신의 문제를 스스로 고민하는 힘이 줄어들게 된다.

학원만 수동적으로 다니다가 좋은 결과를 내지 못하는 학생들을 보면, 학원 숙제만 하는 경우가 많다. 부족한 부분을 더 보완하기 위해 뭔가를 찾아서 하지 않는다. 그리고 성적이 안 오르면 학원을 바꾸려고 한다. 하지만 수업의 퀄리티보다 학생의 학습 태도가 문제인 경우가 더 많다. 시키는 대로 한다면 어느 정도 수준까지는 올라오지만 그 이상을 넘어가는 것에서 한계에 직면하게 된다.

제3자의 조언은 한계가 있을 수밖에 없다

학생들이 상담을 요청해오면서 자신의 플래너를 보여주는 경우가 많다. 그리고 많은 컨설팅 업체가 학생 관리를 할 때, 학생의 플래너, 학습 시간 등을 토대로 학생을 진단하고 조언을 해준다. 그러한 표면적인 요소들을 통해 어느 선까지는 분명 지도할 수 있다. 공부 시간만 보더라도 터무니없이 부족한 수험생들이 있고, 공부한 내용을 통해 과목별 밸런스나 우선순위 등을 잡는 것도 가능하다. 또한 공부 시간 대비 공부량을 통해서도 어느 정도 학생의 몰입도나 학습법에 문제가 있는지 등을 체크할 수 있다.

하지만 이러한 모든 요소들은 어디까지나 표면적인 문제 진단에 가깝다고 생각한다. 왜냐하면 결국 공부라는 과정 자체가 학생의 내면에서 이루어지는 과정이기 때문이다. 계속해서 학생의 공부 상황을 추적해가고 학습량을 함께 조절해가면서 만들어가는 시간이 있다면 양질의 조언이 가능하겠지만 아무리 그렇다 하더라도 결국 학습의 주체인 학생의 내면에서 무슨 일이 일어나고 있는지 100% 알 길은 없다. 결론적으로 말하자면 제3자의 조언은 언제나 한계가 있다는 것이다.

나의 문제는 결국 스스로 찾아야 한다

사람은 전부 다르기 때문에 나에게 맞는 방식을 찾아가는 과정은 반드시 필요하다. 아무리 좋은 강의가 있다 하더라도 전달되는 내용은 그 강사나 멘토의 경험치를 100% 담아낼 수 없다. 콘텐츠의 내용이 부족하다는 뜻이 아니라 결국 그것을 체화하고 나에게 맞게 변형해가는 과정을 겪어야 한다는 것이다.

그런데 많은 학생들이 스스로 고민해보는 과정 자체를 '불안'

으로 인식하고 '더 좋은 방법'을 찾으려고만 한다. 나의 문제를 제3자가 '진단'이라는 명목하에 의사처럼 발견해주길 바라기도 한다. 다시 말하지만, 조언을 듣고 방향성을 잡아보는 것은 정말 중요하고 도움이 된다. 그러나 항상 마음 한켠으로는 그것을 직접 실행해가면서 나에게 맞게 이런저런 방법으로 맞춰가려고 노력해야 한다. 내가 직접 채우려는 태도 없이 완벽한 방법만 찾고자 한다면 늘 새로운 것과 자극적인 것을 찾게 된다. 좋다고 느끼는 공부법, 강의가 있으면 선택하고 실행하면서 나만의 고민을 이어가도록 하자.

좋은 결과를 얻은 수많은 사람들의 방식엔 어느 정도의 유사성은 존재한다. 내가 본 그들의 공통점은 '주체성'이다. 그들도 강사들의 도움을 받고, 멘토들의 공부법이나 조언을 귀담아 듣는다. 다만 스스로 '더 잘하기 위해서', '후회 없이 하기 위해서' 나에게 생기는 문제들을 해결해가는 주체성이 자신만의 공부법으로 이어진다. 조언은 그 자체가 좋거나 나쁜 것이 아니다. 같은 조언도 누군가에겐 좋은 조언이 될 수도, 누군가에겐 나쁜 조언이 될 수도 있는 것이다. 전하는 사람과 듣는 사람의 '다름' 때문에 아무리 좋은 조언이라도 나에게 안 맞을 수도 있는 법이다.

이를 판단하는 주체는 제3자가 아닌 나 자신이다. 나 스스로 고민하고 결정한다는 것이 얼마나 어렵고 답답하고 불안한 것인지 잘 안다. 이 책 전체에 걸쳐서 스스로의 문제를 생각해보고 해결책을 찾아가는 과정을 전달할 것이다. 우선 나의 문제를 판단할 수 있는 주체는 오직 나뿐이라는 것을 마음에 새기고, 조언이나 콘텐츠를 맹목적으로 바라보기보단 항상 나를 기준으로 바라보자. 설령 남들이 어색하게 바라본다 하더라도 내 성적이 오른다면 그 방법이 절대적으로 나에게 옳은 방법이다.

자신을 바꾸는 변화의 원리

'일단 해보는 것'이 어려운 이유

잘하고 싶은 마음이 클수록 주어진 시간을 더 효율적으로 쓰고 싶어 하는 마음이 생긴다. 하지만 간절함은 때론 완벽주의와 효율성에 대한 집착으로 이어지기도 한다. 이러한 집착으로 인해 자신의 공부에 계속해서 불만족을 느끼고, 부정적인 생각을 갖게 되기도 하며, 더 효과적인 도구와 방법론을 찾게 되기도 한다.

결국 실행력과 효율성은 더욱 떨어지게 된다. 효율성에는 어느 정도의 시간과 노력이 필수적임에도 불구하고 시간이 없다는 마음과 시간을 효율적으로 써야 한다는 마음에 견뎌야 하는 최소한의 시간을 견디지 못한다. 자신을 한 번에 바꿔줄 자극을 기대하고, 당장의 효과가 체감될 수 있는 좋은 방법론이나 강의를 찾느라 시간을 낭비한다. 실행력과 효율성 사이의 딜레마는 많은 수험생들이 고민하는 가장 어려운 문제 중 하나다.

이러한 고충을 겪는 수험생들에게 "일단 좀 해"라는 말은 결코 쉽게 실천할 수 있는 말이 아니다. 일단 하더라도 이렇게 하면 결과가 안 좋을 것이 뻔해 보이고, 당장 내가 겪고 있는 수많은 문제와 불안이 문득문득 떠오르면서 집중 자체를 하는 것도 어렵다. 나도 그만큼 간절했기 때문에 이러한 고충을 직접 겪었고 나 이외에도 많은 수험생들이 이와 비슷한 이유로 '잘하고 싶은데 실행력이 부족한' 문제를 겪는다.

이러한 고민을 하는 수험생들의 공통적인 문제는 효율성의 단계에 가는 성공 경험을 해본 적이 없기 때문에 '일단 한다'는 무데뽀 정신의 용기를 갖는 것 자체가 쉽지 않은 것이다. 나도 고3, 재수 때 그러한 굴레를 계속해서 벗어나지 못했지만 삼수 때 벗어날 수 있었다. 그 이유는 문득 문제집을 풀면서 깨달음을 얻었기 때문이었다. 그리고 그 깨달음은 단순히 국어 학습법이 아니라, 비효율의 단계에서 효율의 단계로 가본 성공의 경험이 되어 나의 수험생활 자체를 바꾸었다.

국어 공부는 3회독으로!

내 블로그에서 가장 조회수가 많았던 게시글의 내용은 책《마르고 닳도록》(이찬희 저)에 대한 내용이었다. 수능 국어 교재로 굉장히 유명한 책으로《마르고 닳도록》이란 문제집이 있다. 그 책에는 이런 말이 있다. "지금까지 너의 방식대로 국어 공부를 해봤는데도 안됐으면 속는 셈 치고 내가 말하는 방식대로 국어 기출 분석을 3회독을 해봐라." 재수까지 나름대로 열심히 했는데 제자리였기에 너무 답답했고 속는 셈 치고라도 믿고 그간의 내 방식을 뜯어고쳐보고 싶었다.

돌이켜보면 책에서 강조하고자 했던 것은 특정 국어 공부 방법론이 아니라, '실행력'의 문제였다. 우리가 보통 영단어장을 보면 30일 정도 분량으로 되어 있다. 그러나 대부분의 수험생들이 겪는 패턴은 그 책을 제대로 완주하지 못하거나, 초반에 너무 많은 힘을 주다가 뒷부분은 흐지부지 마무리하는 것이다.《마르고 닳도록》 책에서 말한 핵심 내용은 3회독을 하라는 이야기였고, 3회독의 과정에서 가장 중요한 1회독은 '실행력'이었다. 15회분의 기출 문제를 하루에 1회씩 하기로 했으면, 15일 동안 끝내라는 것이다. 즉, "완벽함을 내려놓고 일단 한 번은 해봐라"라는 메시지다.

그러나 이 과정은 생각보다 쉽지 않다. 1일 1회분을 푸는 것 자체는 충분히 할 수 있지만, 하면서 계속해서 마음 한 구석에서는 지금 이 문제들을 너무 비효율적으로 하고 있는 것 같다는 생각이 자리 잡는다. 늘 그래왔듯, '비효율성'에 대한 스트레스가 컸지만 한 번은 속는 셈 치고 믿기로 했다는 계기가 있었기에 버틸 수 있었다. 그렇게 처음으로 '실행력'을 제대로 발휘했고 3회독까지 가는 과정에서 국어 성적의 향상도 있었다. 무엇보다 비효율에서 효율로 넘어가는 과정에서 변화의 단계를 경험했다. 그리고 그 한 번의 성공 경험이 이후 나의 모든 면의 실행력을 높이는 데 도움이 되었다.

사실 위에서 언급한 변화의 방정식은 이미 수많은 동기부여 관련 콘텐츠들에서 이야기하고 있는 요소들과 본질이 크게 다르지 않다. 같은 책으로 공부를 했어도 모두가 변화를 똑같이 경험하진 않는다. 3회독을 한다고 모두가 좋은 결과를 만든 것은 아니니까 말이다. 단지 그 당시 나의 상황이 '무데뽀 정신'에 대한 더 강한 믿음을 만들었을 것이다. 어떤 이유로든 그때 처음 '실행력'을 높이고 그 과정에서 '효율성'이 올라가는 경험을 했다. 그리고 지금 이 책을 읽고 있는 독자들도 이러한 경험을 속는 셈 치고 따라가볼 수 있는 계기가 되었으면 한다.

실행력을 높이는 두 가지 전략

효율성은 '실행력'이 뒷받침되어야 한다. 실행의 초기 단계에는 비효율성으로 인해 스트레스를 많이 받을 수 있다. 여기서 중요한 것은 아무 생각 없이 실행만 하면 되는 것이 아니라는 점이다. 여러 가치들 중에 초기에는 실행력이 가장 중요하니 그것만큼은 놓치지 말라는 의미다.

다른 가치들 중에서 가장 우선이 되는 가치에 집중한다는 것은 결국 우선순위의 중요성을 의미하기도 한다. 앞서 이야기한 것처럼 너무 많은 병행과 분산은 우리가 집중하고 몰입하는 것을 방해한다. 자전거 비유를 많이 이야기하는데, 자전거를 탈 때 처음부터 다리와 팔을 동시에 신경쓸 수 없으니 네 발 자전거를 타서 다리는 통제하고 팔에만 집중하도록 하는 것처럼 말이다. 그러한 맥락으로 이해하면 쉽다.

변화의 시작 단계에선 실행력 자체를 가장 큰 가치에 두는 것이다. 다른 부분들은 최선을 다하되 안 된다고 너무 스트레스 받지 말자. 이러한 초반의 불편함에 익숙해지면 공부만이 아니라 미라클 모닝이든, 다이어트든 당신이 어떤 변화를 원할 때 비슷하게 그 원리가 적용된다. 수험생들을 지도하면서 실행력을 더 끌어올리고 다음 단계로 나아가기 위해서 주로 두 가지를 강조하고 있다.

첫 번째는 자신이 현재 무엇에 집중하고 있는지 의식하며 실행하기다. 우리가 운동을 할 때, 같은 자세로 운동을 하더라도 특정 부위를 의식하면 그 의식한 부위에 더 자극이 많이 간다.

즉, 자신이 무엇을 목표로 하고 있는지를 아는 것은 변화를 더 가속화한다. 만약 내가 기출 문제를 1회독을 하는 과정에서 실행력을 가장 우선시하겠다는 것을 확실히 인지하고 실행하면, 다른 부분에서 조금 부족하더라도 '그래도 내가 지금 해야 할 것은 잘하고 있어'라는 기준이 생겨 훨씬 불안을 줄일 수 있다.

두 번째는 잘라내기다. 앞서 제시했던 자전거의 예시처럼 처음에 많은 변화를 동시에 하려다간 이도저도 안될 때가 많다. 작은 목표라 하더라도 너무 많은 목표가 있으면 분명히 그중 몇 개는 실패할 수 있다. 한 번에 많은 것을 바꾸고 싶은 마음은 이해하지만, 최소한으로 내가 반드시 바꾸겠다는 것은 인지하고 만들어가자.

물론 여기서 오해하면 안 되는 것이 최소한 바꾸고자 하는 것만 바꾸라는 것이 아니라는 점이다. 과거의 나를 끊어내고 오늘부터 그간 나의 안 좋았던 습관들을 모두 바꾸겠다는 마음으로 노력하지만 반드시 바꾸고자 하는 것은 분명하게 정해놓고 확실히 고쳐나가자는 의미다. 이러한 마음가짐으로 실행력을 갖추면서 언제나 '더 잘하기 위한 고민'과 '문제를 고쳐나가기 위한 노력'을 이어나가야 한다. 그리고 그 과정은 오롯이 스스로 겪어야 한다.

한 번의 작은 성공 경험이더라도 그 과정에서 겪는 감정들을 이해하면 당신 스스로가 어떤 변화든 이뤄낼 수 있다는 자신감이 생길 것이다. 내가 학생들을 지도할 때 항상 첫 번째는 수면 습관, 두 번째는 단어 공부부터 하는 이유도 이와 비슷한 이유다. 변화의 과정을 짧은 시간 안에 경험해볼 수 있고, 그러한 경험은 이후 모든 공부와 수험생활 변화에 적용된다.

수험생을 위한 매뉴얼 Tip

1. 변화의 목표를 확실히 정하자. 너무 많은 목표보다는 확실한 목표를 정하자.
2. 모든 변화는 불편하다. 처음엔 불편을 감수해서라도 목표 '실행'에 집중하자.
3. 확실한 변화를 위해 목표를 줄여둔 것일 뿐, 언제나 하루 만에 모든 것을 바꾸고 후회 없이 보낼 수 있다는 마음으로 보내자. 완벽해지려고 노력하되, 완벽하지 않더라도 스트레스 받지 말고 반드시 지키고자 한 것만큼은 놓치지 말자.
4. 더 나아지기 위한 고민은 비효율에서 효율로 나아가는 추진력이 된다. 아무 고민 없는 실행은 노동일 뿐이다.
5. 수면 습관이든, 단어장 한 권 끝내기든 이러한 프로세스를 경험할 수 있는 목표 하나를 꼭 달성해 보자. 스스로 변화의 공식을 체득하게 된다.

계획을 실행하는 결정적인 요소

학생들의 플래너를 보고 느낀 점

많은 사람들이 계획의 실패를 경험한다. 당신의 계획표에 X가 많고 그것이 지속되고 있지 않은지 돌아봐야 한다. 수년간 멘토링을 하면서 학생들의 플래너를 적지 않게 볼 수 있었는데 그 경험을 통해 내가 느낀 것에는 크게 두 가지가 있다. 첫째, 계획표를 처음 짤 때는 실패할 가능성이 훨씬 높다. 둘째, 계획을 짜는 것보다 중요한 것은 계획의 실패를 대하는 태도다.

계획을 짜는 방법에 정답은 없으며 수험생들의 상황과 맥락에 따라 다를 수 있다. 어떤 사람은 스스로를 몰아붙이면서 나가는 경향을 갖고 있고, 반대로 지치지는 않을 정도로 규칙적인 생활과 컨디션 관리에 좀 더 신경을 써 꾸준함을 잘 유지하는 사람도 있다.

자신의 성향에 따라 전자가 맞을 수도, 후자가 맞을 수도 있다. 선배들의 사례를 봐도 하루에 열네 시간씩 공부해서 성공했다는 사람들이 있는가 하면, 일찍 자고 주어진 시간에 최선을 다하면서 성공했다는 사람들도 있으니 누가 더 맞는지는 무의미한 논쟁이다. 두 방식 모두 그 계획에 본인 스스로가 적응하고 공부에 집중하고 있다는 사실 자체가 중요한 것이다. 문제는 그 적응의 단계로 가는 과정이 쉽지 않다는 것이다.

계획이 실패하는 이유 1: 심리적 이유

그렇다면 계획표를 처음 짤 때 왜 X가 많을 수밖에 없을까? 계획이 실패할 수밖에 없는 이유에는 심리적 이유와 구조적 이유가 있다. 심리적 이유는 사람의 욕심을 가리킨다. 물론 욕심은 성장의 동력이기도 하지만, 문제는 자신이 '할 수 있는 것'과 '하고 싶은 것' 사이의 구분을 어렵게 만든다는 것이다.

이와 더불어 학습 콘텐츠들을 접하기 쉬워지면서 '지금의 나'와 '성공한 선배' 간의 비교가 쉬워졌다. 성공한 선배들의 방식은 도움이 되지만 그러한 콘텐츠들에서 보여지는 최종적인 '계획표'와 '방법론'은 그 사람들의 경험과 시행착오가 녹아든 결과물이다. 쉽게 말해, 내가 아무리 방법을 알더라도 처음부터 그렇게 적용한다는 것이 쉽지 않을 수 있다는 점이다.

이처럼 비교가 쉬워지고 “성공하려면 이렇게 해야 돼”라는 여러 기준들이 생기면서 현재의 내 모습과 내가 도달해야 하는 모습 간의 비교가 쉬워졌다. 결국, 계획을 짜는 과정에서 너무 많은 병행과 세분화 그리고 자신의 역량을 넘어서는 무리한 계획을 짜게 되는 수험생들을 정말 많이 보았다.

계획이 실패하는 이유 2: 구조적 이유

이보다 더 큰 문제는 구조적인 문제다. ‘메타인지’라는 말이 한때 유행했다. 학습 관련 콘텐츠들에서는 내가 무엇을 알고 무엇을 모르는지를 아는 정신 작용의 의미로 사용된다. 메타인지가 공부에서 중요한 것은 분명한 사실이다. 학습의 과정에서는 내가 무엇을 알고, 무엇을 모르는지를 찾는 과정이 반드시 필요하기 때문이다. 내가 심리학 전공자도 아니고 메타인지에 대한 더 복잡하고 심오한 이야기를 할 생각은 없다. 또 실제 메타인지의 의미보다 우리는 그 의미를 매우 좁게 알고 있기 때문에 사실 메타인지라는 어려운 말도 굳이 쓸 필요는 없다.

2019년에 수능 만점자 학생 신보미 양이 인터뷰에서 “1일 학습량을 알아라” 하는 말을 했던 것이 생각난다. 메타인지의 원래의 의미를 떠나서 우리는 흔히 이런 것들을 메타인지라 칭하며 그것을 갖춰야 한다고 이야기한다. 문제는 '나에게 맞는 1일 학습량'을 알아가는 과정이 말처럼 쉽지 않다는 것이다. 우리가 계획을 짤 때 매우 높은 확률로 실패할 수밖에 없는 이유는 주어진 시간 동안 어느 정도의 문제를 풀 수 있을지, 어느 정도의 시간이 소요될지 초반에는 예측하기가 어렵기 때문이다.

특히 학습의 초기 과정에서는 내가 어느 정도로 문제 풀이를 할 수 있을지 예측하기 어렵고, 우리가 보게 되는 강의나 문제집의 난이도도 예측하기 어렵다. 당장 내가 새로운 공부를 시작한다고 생각해보면 어떤 단원이 어려운지, 새로 산 문제집은 하루에 몇 문제를 풀 수 있을지는 예측이 안 되는 것이 당연한 것이 아닐까? 그렇다 보니 아무리 계획을 꼼꼼히 짜더라도 구조적으로 어긋날 가능성이 높을 수밖에 없는 것이다. 결국 시간과 경험이 쌓이면서 비로소 알 수 있는 것이다.

이처럼 심리적 이유와 구조적 이유로 계획의 초반엔 실패할 가능성이 훨씬 높을 수밖에 없다. 문제는 그다음에 있다. 실패의 순간에 누군가는 계획을 짜지 않는 선택을 하지만 오히려 여기서 좋은 결과를 만들어내는 수험생들도 있다. '계획을 짜느라 체력을 낭비하지 않고 어차피 할 수 있는 걸 최선을 다해서 한다'라는 마음으로 집중하다 보니 몰입이 이루어지고, 자신만의 방식과 루틴이 생기는 것이다. 물론 그래도 계획은 짜는 것이 짜지 않는 것보다단 낫다. 왜냐하면 계획 없이 갈 경우, 무엇보다 전체적인 밸런스를 놓칠 수 있기 때문이다.

X를 O로 바꾸다

계획을 짜지 않는 수험생과 대비되어 계획짜는 것에만 집착하는 수험생이 있다. 여기서 가장 중요한 것은 계획은 수정하는 것이지 뒤집는 것이 아니라는 것이다. 앞서 말한 것처럼 계획은 원래 실패할 가능성이 높다. 그렇기 때문에 계획을 다시 새롭게 짜면 그 새로운 계획에서 또 실패할 가능성이 높다. 결국 계속 시작점에만 다시 서는 것과 같은 상황에 빠지게 되고, 어느 순간 그 실패에 무기력해지게 되며, 스스로 갇혀버리는 느낌을 받는다.

그런데 계획을 다 뒤집는 것이 아니라, '수정'을 한다는 개념으로 접근한다면 이 문제를 해결할 수 있다. '애초에 우리가 완벽한 계획을 짜는 것이 어렵고, 나에게 맞는 계획을 세워나가기 위해 조금씩 수정을 하며 추적해나간다'라는 생각을 갖는 것이 계획표의 시작이다. 오히려 '계획'이라기보단 '매일의 기록'의 개념으로 접근하는 것이다. 내가 이 책을 통해 전하고 싶은 것은 단순히 '계획을 짜는 방법'이 아니라, '달성도를 높이고 실행력을 높일 수 있는, 성공적인 계획표 만들어가기'다. 계획을 수정하는 과정에서 여러 가지 어려움을 겪을 수 있는데 그 상황을 현명하게 이겨 나가는 것이 필요하다.

성공적인 계획표를 만들기 위한 마음가짐

우리가 가장 먼저 인정해야 할 것은 할 수 있는 것과 하고 싶은 것은 다르다는 것이다. 자신의 공부량과 집중력 때문에 답답함을 느끼는 사람들이 많을 것이다. 공부해야 하는 다양한 과목들이 있고, 그 과목들마다 세부 영역이 있으니 부담이 될 것이다.

또한 선배들의 계획표를 보며 자신의 것과 비교가 될 수밖에 없다. 하지만 이러한 좌절감과 무력감을 느끼는 사람은 당신만이 아니다. 그리고 그러한 감정들은 절대 한순간에 해소될 수 없으며 시간이 필요하다. 문제는 시간을 어떻게 보내느냐다. 당신이 해야 한다고 생각하는 것들이 많고, 그래서 하고 싶은 계획을 아무리 많이 넣는다 한들 어쩔 수 없이 현재 당신의 역량에서 할 수 있는 것은 제한적이다. 그걸 받아들이자. 멋진 계획을 짜는 것은 순간의 쾌감을 주지만, 계획을 짜는 데에 중독되지 말고 나의 현실을 인정하고 파악해가야 한다.

지금의 우선순위를 선택하는 것에 신경쓰자. 그리고 우선순위를 정했다면 그 우선순위에 몰입하는 것이 당신이 할 수 있는 유일한 것이다. 그렇게 '지금'을 제대로 보낸다면 그 과정에서 효율성과 가속도가 생긴다. 이를 믿고 현재에 집중하는 것이 쉽지 않겠지만, 모든 선배들이 공통적으로 하는 이야기가 바로 '학습의 가속도'다. 속는 셈 치고 믿어보자. 계획으로 스트레스를 받는 정말 많은 수험생들이 바뀌었다. 절대 지금의 더딘 속도가 계속되지 않는다. 단, 지금을 제대로 보낼 수 있도록 모든 노력을 기울여야 한다는 것을 전제로 한다.

우선순위의 결정과 잘라내기를 망설이지 마라

처음에는 어느 정도의 병행이 가능할지도 모르겠다. 그리고 분명 여러 개를 병행하고자 하는 욕심이 들 수밖에 없다. 그러나 병행은 우리를 지치게 한다. 한 가지 일에서 다음 일로 전환될 때 집중력이 흐트러지고 다시 집중하기 위해 힘을 써야 한다.

우리가 멀티태스킹(multitasking)을 할 수 없다는 사실은 이미 많은 책들에서 이야기하고 있는 내용이다. 멀티태스킹을 하는 것처럼 생각되는 것들이 사실은 한 가지 일에서 다음의 일로 전환을 빠르게 하는 것이며, 실제로 우리의 머리는 한 번에 한 가지 일을 처리한다는 것이다. 예컨대 오늘 저녁 메뉴와 오늘 하루의 계획표를 동시에 생각해보면 마치 동시에 생각하는 것 같지만 사실은 두 가지 생각을 빠르게 바꿔가며 하는 것일 뿐이다. 여기서 말하고 싶은 요지는 우리가 여러 가지를 병행할 때 우리의 힘은 분산된다는 것이다.

처음에는 한 가지 일을 처리하는 것도 쉽지 않으니 너무 많은 병행을 하려다 아무것도 못하게 되지 말라는 의미다. 결론은 한 가지 일을 집중해서 하다 보면 그 일에 익숙해지고 그에 소모되는 우리의 주의력도 크게 줄어든다. 머리부터 감을지, 세수부터 할지 생각하면서 샤워를 하지 않는 것처럼 말이다. 단순한 것들에서 점차 계획을 확장해가는 것이다. 수많은 동기부여 콘텐츠들에서 "작은 성공을 하라" 하고 말하는 원리랑 비슷하다고 보면 된다. 그러한 시행착오들을 기반으로 병행이 가능하게 된 선배들의 계획표를 보며 스스로를 몰아붙이지 말자. 시간이 필요한 법이다.

지금 할 수 있는 것은 집중뿐

어차피 지금 내가 할 수 있는 역량은 정해져 있을 것이다. 그렇다면 내가 해야 할 일은 그 양을 파악해가는 과정 속에서 최대한 몰두하는 것뿐이다. 하고 싶은 계획이 아닌, 할 수 있는 계획을 짜는 것이다. 그리하기 위해 우선순위 결정에 신경써야 하고, 몰입을 방해하는 병행은 잘라낼 수 있어야 하는 것이다. 계획이 한 번에 맞아떨어지길 기대하지 말자. 오히려 그렇게 맞아떨어지는 계획이라면 턱없이 적은 양을 짰을 가능성이 높다.

계획을 다 뒤집어엎을 생각을 버리고 수정을 해가며 주어진 시간에 어느 정도의 양을 할 수 있는지 확인해가자. 그렇게 계획으로 인한 스트레스가 공부를 방해하지 않도록 만들어가는 것이 성공적인 계획표 짜기의 목적지다.

3장

나에게 맞는 실현 가능한 방향성을 찾아라

계획표의 X를 O로 바꾸는 비결

수험생들의 계획표에 X가 많은 이유

'계획'과 '시간 관리'는 수험생활에 있어서 가장 중요한 요소라 해도 과언이 아니며, 검색만 해보더라도 셀 수 없이 많은 콘텐츠들이 나온다. 각자의 상황, 역량, 성향에 따라서 계획과 시간 관리 방식은 다르다. 계획을 타이트하게 짜고 분 단위로 활용을 하는 사람이 있는가 하면, 중요한 것만 세워놓고 우선순위에 집중을 하는 사람도 있다.

각자의 방식대로 성공한 사람들이 있는 만큼 절대적인 정답이 있는 것이 아님은 분명하다. 문제는 그중에서 나에게 맞는 방식이 무엇인지를 알기 어렵다는 것이다. 분 단위로 활용을 하는 사람의 방식을 따라 하려고 해봐도 표면적인 방식만 따라 하고 있을 뿐 실제로 나에게 효과가 있는지를 확인하기 어렵다. 반대로 우선순위 위주로 짜보려고 해봐도 계획을 줄이는 것 같은 느낌에 두렵고, 결국 말만 우선순위 위주의 계획이지 할 것들이 끝없이 늘어난다.

내가 전달하고자 하는 계획에 대한 이야기도 마찬가지로 모든 부분에서 정답은 아닐 수 있다. 하지만 수험생들이 대부분 비슷한 패턴으로 계획의 실행력이 떨어지는 것을 보았고 나 또한 비슷한 실패 경험을 했다. 적어도 나와 비슷한 패턴으로 실패 경험을 한 수험생들이라면 나의 경험을 비추어 변화를 만들 수 있을 것이다. 자신의 계획표를 살펴보면 내가 계획했던 것과 실제 실행한 것 사이의 간극이 큰 경우가 많다. 계획표를 보면 X가 즐비하고, X로 인해 스트레스를 받으며, '내일 더 열심히 해야지'라는 막연한 다짐만을 반복하고 있지 않은가? 본인이 열심히 하고 나름대로 최선을 다하고 있음에도 불구하고 X가 있다는 것은 자신의 역량 이상으로 무리하게 계획을 짜고 있다는 것이다.

수험생들에게 이러한 패턴이 많이 보일 수밖에 없는 이유는 결과에 대한 간절함이 크기 때문이다. 일반적으로 자신이 어느 정도의 일처리 능력을 갖고 있는지 인지하는 것 자체가 상당히 어렵다. 이러한 경향은 수험생뿐만이 아니라, 한 사람이 하나의 업무가 아닌 여러 가지 업무를 속도감 있게 해나가야 하는 분야에서도 비슷하게 찾아볼 수 있다. 그래서 너무 많은 일로 인해 실행력이 부족해지는 경향이 자주 문제시되고 그러한 실행력의 문제를 다루는 책도 많다. 이러한 맥락이 수험생에게도 비슷하게 적용된다. 수험생의 심리상 계획표에 X가 많이 생길 수밖에 없기 때문에 나를 포함한 대부분의 수험생들이 비슷한 방식으로 문제를 겪는 것이다. 계획표에 X가 많으면 늘 '나는 부족해'라고 느끼게 되고 공부에 집중하기가 어렵다. 우선 우리의 계획표가 전체적으로 X가 아닌 O로 구성될 수 있도록 노력해야 한다.

최소치에서 확장해나가라

우리는 모든 변수를 통제할 수 없다. 스스로 주어진 시간에 어느 정도 공부를 할 수 있을지를 완벽하게 알기는 어렵다. 특히 본인이 해당 분야에 경험이 충분치 않은 이상 자신의 역량을 이해한다는 것은 불가능에 가깝다. 그렇다면 ○가 가득한 성공적인 계획표를 만들기 위해선 어떻게 해야 할까?

방법은 계획을 줄이는 것뿐이다. 계획을 줄여서 ○로 만드는 것이 무슨 의미가 있나 싶겠지만, 계획을 줄인다는 것이 공부를 적게 한다는 것을 의미하지는 않는다. 실행 목록을 과감하게 줄이자는 말이다. 물론 이 과정에서 심리적인 문제들을 겪을 수 있으며, 이에 대해 이후에 더 세분화해서 이야기할 것이다. 즉, 우리가 실제로 할 수 있는 것을 극대화해야지, 즐비하게 짜놓은 계획표에서 심리적 위안만 삼고 있어서는 안 된다.

매일 변수 없이 할 수 있는 최소치의 계획을 확인해가는 것을 권장한다. 우리의 예측은 언제나 틀릴 수밖에 없다. 그렇기 때문에 매일을 기록해가며, 내가 실제로 어느 정도 할 수 있는지를 확인해가는 과정이 필요하다. 매일 변수 없이 최소한 이 정도는 할 수 있다는 양을 확인하면, 그것을 최소치의 계획으로 세워놓자. 공부를 적게 하는 것이 아니라 최소치에 더해서 공부를 하자. 순서와 관점만 바꾸더라도 당신의 실행력은 완전히 달라지기 시작한다.

하루의 모든 변수를 완벽하게 예측한다는 것은 불가능하다. 갑자기 일이 생길 수도 있고, 컨디션이 좋지 않을 수도 있지 않은가. 그러한 변수들을 통제하려고 최선을 다하겠지만 완전히 통제할 수 없다. 무리하게 짜놓은 계획일수록 변수 하나에 크게 영향을 받는다. 그렇게 하나의 계획이 틀어지는 시점부터 하루 전체가 망가지는 것이다. 반면 최소치의 계획은 변수를 충분히 고려해도 내가 매일 최소한 할 수 있는 양을 확인한 결과인 만큼 거의 오차 없이 실행할 수 있을 것이다. 그 이후부터 오늘의 할당량보다 스스로 더 하고 있다는 마음으로 공부를 한다면, 훨씬 공부의 몰입도와 완성도가 높아진다.

예컨대 일주일간 한 시간 동안 영어 문제 풀이를 진행했다고 가정해보자. 월요일은 열 문제, 화요일은 열두 문제, 수~금요일은 열다섯 문제였다면 우리는 '평균'을 좋아하는 경향이 있기 때문에 이중 적정한 열세 문제를 계획으로 잡거나, 욕심이 있으면 열다섯 문제를 계획으로 삼는다. 물론 스스로 동기부여를 위해 좀 더 잡거나 계획에 조금의 X 정도를 활용할 수 있겠다. 하지만 나는 '변수 없이 할 수 있는 열 문제를 계획으로 세워놓고 되는 대로 더 하겠다'라는 마음으로 공부하는 것이 스트레스를 최소화할 수 있는 전략이라 생각한다. 공부를 덜 하는 것이 아니라, 주어진 시간에 최대한 몰입하기 위해 관점을 바꾸라는 것이다.

해야 할 것이 많을수록 지금 주어진 것을 최대의 생산성으로 해내는 것이 중요하다는 사실을 명심하자. 어차피 한 번에 할 수 있는 것은 하나뿐이다. 욕심내서 계획을 하는 것과 공부를 많이 하는 것을 혼동하지 말자. 공부는 당연히 많이 하되, 내가 할 수 있는 역량을 인정하고 그것을 최대한 집중해서 끝내가며 가속도를 만들어간다는 관점을 말하는 것이다.

작은 습관에 대해 강조하는 콘텐츠들과 비슷한 맥락이다. 작은 습관을 만들어보면서, 습관 성공의 방정식을 스스로 몸으로 느끼고 그것에 하나씩 습관을 추가해가는 것이다. 계획도 마찬가지로 내가 할 수 있는 것에 집중하다 보면 점차 가속도가 생기고 이전보다 병행의 정도도 세분화될 수 있다. 어차피 할 수 있는 것은 정해져 있으니, 그것에 최대한 몰입할 수 있도록 하자.

성공적인 계획표를 만드는 원칙, '잘라내기'

멀티태스킹, 병행의 어려움

"저는 시간 관리에 있어서 굉장히 현실주의자인 편이에요. 제가 하루에 스무 가지 일을 처리할 수 있을 것이라 생각하지 않아요. 그리고 한 번 앉은 자리에서 동시에 여러 가지 일을 처리할 수 있을 것이라고도 생각하지 않아요. 멀티태스킹에 대한 믿음이 좀 적어요. 그래서 오늘 꼭 성취하겠다는 것을 세 가지 이하로 정해요. 한 가지일 때도 있고요." 구독자 100만 명이 넘는 유튜버 '김작가 TV' 채널에서 '천인우' 님이 나와 시간 관리에 대한 자신의 생각을 이야기한 내용이다.

'천인우' 님은 전 페이스북 소프트웨어 엔지니어이자 스탠퍼드, 하버드 MBA 석사 과정을 모두 합격하고 스탠퍼드에서

MBA 석사 과정을 하고 있는 인재다. 훈훈한 외모로 〈하트시그널 3〉 등의 방송에 출연한 '인플루언서'이기도 하다. 실제로 우리를 되돌아보면 너무 많은 병행과 걱정으로 인해 정작 해야 하는 우선순위를 미루게 된다. 앞서 언급한 《초생산성》 책도 사실 위와 같은 메시지와 맥락이 비슷하고, 이 외에도 멀티태스킹, 병행에 대한 현실을 꼽는 메시지를 전하는 책들이 적지 않다. 위의 내용들은 업무적인 면에서만 적용되는 것이 아니라, 수험생활에서도 사실 비슷하게 적용된다. 물론 우리가 준비하는 시험들에서는 다양한 영역·과목의 '병행'이 요구되기 때문에 병행과 몰입 사이의 균형을 잡는다는 것은 수험생의 가장 큰 과제다.

책들을 버리고 정리해라

여러 종류의 책을 다 사놓고, 여러 가지의 강의를 다 듣는 수험생들이 있다. 그런데 그들은 정작 제대로 하나도 끝내지 못하고 아직 마스터하지 못한 책과 강의 생각에 스트레스를 받는다. 혹은 주객전도되어 대충 끝내기만 하는 수험생들도 많다.

많은 것을 끝냈다고 하지만 정작 하나도 제대로 못해 실력이 제자리인 학생들이 많은 이유다. 특히 수험생활을 처음 시작할 때와 끝나갈 때쯤에 이런 수험생들이 더욱 많다. 좋은 것들을 놓치기 싫어하는 사람의 심리로 인해 좋다는 것들을 다 준비해두고 나중엔 결국 하지 못한 것들만 눈에 밟히게 된다.

2010년대 초반만 하더라도 유튜브나 커뮤니티가 활성화되지 않아 볼 수 있는 콘텐츠들이 제한적이었다. 2009년부터 2013년까지 EBS에서 방영한 〈공부의 왕도〉는 요즘은 흔히 볼 수 있는, 공부 잘한 선배의 공부법을 소개하는 프로그램이었다. 나도 많은 도움을 받았지만, 그중 인상 깊었던 내용 중 하나는 "책들을 버리고 정리해라"라는 내용이었다. 당시엔 그렇게까지 와닿지는 않았고 나도 '좋은 것들이 이렇게 많은데 뭘 어떻게 포기하라는 거야?'라는 생각이 들었다. 하지만 지금 내가 몰입을 해도 해내지 못하는 것은 애초에 계획을 세웠어도 못했을 일이다.

결국 내가 해야 할 것은, 계획에 나의 바람을 적는 것이 아니라 지금 내 공부에 몰입을 해서 생산성을 끌어올리는 것이다. 눈앞에 책들이 즐비해 있고 할 일들이 태산 같으면 공부하다가도 문득문득 걱정으로 인해 집중하기가 쉽지 않고 계획을 짜는 것으로 돌아가기 쉽다. 그렇기 때문에 오히려 할 수 있는 것과 반드시 해야 하는 것만 놓아두고 나의 시야에서 치워버리는 것이 좋다. 남은 것에 대한 미련과 압박이 나의 페이스를 망가트리기 때문이다.

그리고 '나중에 봐야지' 하고 놔둔 것 중에 여태까지 한 번도 펴보지 않은 것들이 있을 것이다. 그 책들을 바라보면 마음의 짐처럼 부담이 된다. 결국 봐야 할 것들이 산더미처럼 쌓이면서 해야 할 엄두가 나지 않고 그 책들은 전부 다시 펴보지 못하게 된다. 꼭 봐야 하는 것들만 남긴다면 우리는 중요한 것을 놓치지 않고, 버릴 것은 버림으로써 마음의 부담도 내려놓을 수 있다. 할 수 있는 것, 꼭 해야 하는 것에 집중할 수 있는 힘이 중요하다.

공부는 많이, 우선순위는 확실하게

"해야 할 것을 줄여라" 하는 말은 공부를 덜 하라는 메시지가 아니다. 늘 공부는 가능한 한 최대한 많이, 스스로에게 후회 없을 만큼 해야 한다. 다만 그 안에서 더 생산성을 높이기 위한 조언으로서 이러한 이야기들을 전하는 것이다. 그중에서도 우리의 몰입과 실천력을 방해하는 가장 큰 요소는 바로 '너무 많은 병행'이다. 좋다는 모든 것들을 하려다 아무것도 못하게 되기에 우선순위 결정에 가장 심혈을 기울여야 한다.

나도 마찬가지였지만, 우선순위를 결정한다는 것이 다른 것들을 놓치는 것 같고 포기하는 것처럼 느껴진다. 줄인다는 것은 고된 과정이다. 분명 시험에 필요한 영역 중 하나라도 펑크가 나면 안 되는 경우가 많기 때문에 우리가 도달해야 하는 목적지는 어떻게 해서든 모든 영역을 다 챙기는 것이기도 하다.

그러나 내려놓고, 줄이는 것이 특정 과목을 포기하는 것은 아니다. 우리가 욕심낸다고 다 할 수 있는 것이 아니기 때문에 가장 급하고, 중요한 것에 힘을 더 쏟으라는 의미다. 실행력을 높여가고, 하고 있는 것들에 나름의 패턴과 방식이 생긴다면 그다음부터는 병행 수준이 좀 더 높아져도 스스로 컨트롤할 수 있게 된다. 그러다 병행이 힘들어질 경우 줄이면 된다.

끝낸 것은 많은데, 제대로 끝낸 것이 없다

쉬운 예로, 많은 수험생들이 학원을 다니는데도 불구하고 인터넷 강의도 여러 개를 수강한다. 본인이 그것을 소화할 수 있다면 모르겠지만, 물리적인 시간상 한계가 있기 때문에 대부분은 학원 수업도 대충 하고 인터넷 강의도 대충 하게 된다. 어설프게 70%씩 끝내다 보니, 제대로 쌓이지가 않는다.

반면 주변에 공부 잘했던 친구들을 보면 차분히 자신이 해야 하는 것을 하나씩 집중해서 하는 것을 볼 수 있다. 이것저것 많이 하는 것 같은데도 잘한다면 그건 그 사람 나름대로의 적응력과 패턴이 생긴 것이지 그 표면적인 결과만 놓고 따라 하다간 하나도 제대로 못 끝내게 된다. 그래서 학생들을 컨설팅할 때 가장 먼저 하는 것은 인강이든, 학원이든 소화 불가능한 부분이라면 하나를 정리하게 만드는 것이다. 불안해서 학원은 다녀야 할 것 같고, 수업 자체는 인강이 더 좋은 것 같아서 모두 욕심을 낸다. 그리하면 마음은 편할지 몰라도 실력은 절대 오르지 않을 것이다.

둘 다 제대로 못하는 사람보다 둘 중 하나라도 제대로 하는 사람이 결과를 만드는 건 당연하다.

'잘라내기'라는 이름의 용기

줄이는 과정은 힘들다. 그러나 멀티태스킹과 병행에는 한계가 있다는 사실을 인정해야 한다. 병행의 정도는 사람마다 다르다. 그동안 너무 많은 병행과 분산으로 인해 실행력이 부족했다면 꼭 과감하게 줄여보자. 계획을 어떤 비법으로 짜더라도 지금 내 역량에서 할 수 있는 것은 정해져 있다. 그렇다면 그 시간을 100% 끌어올리기 위해 노력하는 것이 우리가 본질적으로 고민해야 하는 방향인 것이다. 만약 그렇게 노력했는데도 해내지 못했다면 애초에 할 수 없었던 것이니 스트레스 받지도 말자.

초반의 더딘 속도가 끝까지 더디게 가진 않는다. 당신이 계속 더디게 나갔던 이유는 너무 많은 병행과 분산으로 힘을 제대로 쓰지 못했기 때문이다. 병행의 정도와 수준은 사람마다 다를 수 있다. 스스로 공부에 몰입하는 데 방해가 되지 않는 수준을 찾아나가고 그에 맞춰 늘리거나 줄여야 한다는 것을 기준으로 스스로에 대해 계속해서 생각해보고 주체적으로 선택해가야 한다. 결국 공부법은 내가 최대한 집중할 수 있도록 하는 것이 정답이다.

성공적인 계획표를 위한 네 가지 가이드라인

'러닝메이트'로서의 역할

대학교 4학년 때, 블로그에 칼럼을 쓰면서 나의 수험 철학을 녹여낸 온라인 컨설팅 프로그램 과정을 처음 개설했다. 단순히 공부 계획을 세워주는 일회성 컨설팅이 아니라, 학생과 매일 짧게나마 소통을 하며 'X를 O로 만드는 성공적인 계획표'를 만들어가는 것이 목표였다. 그 과정에서 바로 문제에 대한 솔루션을 주기보다는 스스로 평가와 피드백을 하도록 하고 그것들을 효과적으로 할 수 있는 방향을 전하고 싶었다.

앞서 이야기한 것처럼 제3자인 누군가가 학생의 생각 전부를 알기 어렵고, 학생이 어느 정도의 학습량을 소화할 수 있는지를 한 번에 파악해서 계획표를 준다는 것 자체가 불가능하다고 생각했기 때문이었다.

관리를 하는 입장에서는 멘토가 정해놓은 틀을 일방적으로 학생이 따라 할 수 있도록 하는 것이 훨씬 경제적이다. 그래서 학생들이 늘어갈수록 나도 더 효과적으로 시스템화를 해서 시간과 노력을 줄이고 싶었다. 하지만 그렇게 시스템화한 방식으로는 분명 학생들 개개인의 성향을 고려하는 데 한계가 있었다.

효율성을 만들기 위해 사업화를 고민하면 할수록 실제 학생들에게 효과를 주는 데에 한계가 있다는 것을 느끼면서 말로는 모두가 '맞춤형'이라고 하지만 왜 그 효과를 보는 것이 쉽지 않은지를 몸소 느낄 수 있었다. 그래서 결국 나는 그러한 부분에서 규모를 늘리는 것보단 맡은 학생들에 집중하고, 많은 수험생들이 스스로 바뀔 수 있도록 노선을 바꿨다.

학생들의 다양성을 포괄할 수 있는 시스템을 찾는 것보다 학생들이 자신의 문제를 스스로 찾아내고 해결할 수 있도록 사고과정을 바꿔준다면, 그 다양성을 내가 아닌 스스로 해결할 수 있다고 생각했다. 그래서 나는 학생들과 함께 소통하고 문제를 함께 해결해가는 '러닝메이트'의 역할을 했다.

수험생들의 플래너를 보면서 가장 많이 고민했던 부분 중 하나가 '실행력'에 대한 부분이었다. 실행력 부족의 이유들도 다양하기 때문에 이 책에서는 그러한 다양성을 최대한 해소해주고자 다양한 상황들을 공유하는 것이다.

그러나 그중에서도 거의 대부분의 수험생들이 실행의 과정에서 겪는 공통의 문제가 있다. 나는 성공하는 계획표를 만들기 위해서 미리 알고 시작하면 좋을 네 가지 가이드라인을 간략하게 전하려고 한다.

모든 변수를 통제하려고 들지 마라

고3 때 내게 가장 스트레스를 주었던 요인 중 하나는, 학교를 다니면서 발생하는 수많은 변수들 때문에 하루가 계획했던 대로 흘러가지 않았던 것이었다. 전날에 다짐을 하고 다음 날을 계획했는데 아침부터 늦잠을 자서 계획이 다 틀어졌을 때의 감정은 수험생이라면 한 번쯤 느꼈을 감정일 것이다.

미처 예상치 못한 일들이기 때문에 변수인 것이지만, 사실 변수 중에서는 우리가 줄일 수 있는 것들도 많다. 내가 줄였던 두 가지 변수는 게임과 핸드폰이었다. 자기가 좋아하는 것을 끊는다는 것은 누구에게나 쉬운 일이 아니다.

하지만 인생에 있어서 한 번쯤은 목표에 몰입해야 하는 순간이 오기 마련이다. 그 목표가 간절할수록 의사결정은 쉬워진다. 좋아하는 것을 끊기 싫어서 우리는 스스로 온갖 타협을 시도한다. 합리화를 하고 그러한 휴식과 전환이 필요하다는 근거를 찾아 어떻게든 위안을 삼으려고 한다.

하지만 내가 실제로 그러한 것을 통제해서 휴식으로서 잘 활용하고 있는지, 그렇지 않은지를 객관적으로 따져보아야 한다. 나는 게임과 핸드폰을 통제하지 못해서 아예 끊어냈다. 게임 아이디는 친구들 보는 앞에서 지웠고, 핸드폰도 없앴다.

물론 조절을 잘할 수 있다면 문제가 되지 않을 수 있지만, 조절을 할 수 없다면 결단을 내려야 하는 것이 당연할 것이다. 누군가는 그러한 간절함으로 수험생활에 임한다. 이처럼 변수들 중에선 내가 통제할 수 있는 변수들이 있는 반면, 그렇지 않은 변수들도 존재한다. 그날 몸 컨디션이 좋지 않을 수도 있고, 정말 예상치 못한 일들이 발생할 수도 있다. 또한 실력이 부족한 수험생이라면 공부하는 과정에서 특정 문제에 지나치게 시간을 오래 쓰게 되거나, 강의를 듣다가도 계획한 것 이상으로 시간이 오래 걸릴 가능성이 매우 높다.

그리고 계획을 무리하게 짜면 짤수록 작은 변수에도 많은 것들이 연쇄적으로 영향을 받게 되는 법이다. 나는 이러한 수험생들에게 '최소한의 계획'을 두고 추가해가는 것을 권장한다. 즉, '변수가 발생할 수 있다'라는 마음으로 그걸 받아들일 수 있는 계획표를 만들자는 셈이다. 그럼에도 불구하고 내가 통제할 수 없는 변수들이 생기는 날엔 그것을 받아들이고 '남은 시간만이라도 잘하면 된다'라는 마음으로 임하면 된다.

변화는 하루아침에 이루어지지 않는다

동기부여를 받아도 그것을 지속하는 것이 어려운 이유는 변화가 더디기 때문이다. 당장 변하고 싶은 마음은 굴뚝같은데, 오늘의 노력으로 변화가 가시적으로 보이지 않으니 지속할 힘이 부족해지는 것이다. 이는 모든 분야에서 비슷하게 적용된다.

나는 스물아홉 살을 마무리하는 기념으로 보디 프로필을 촬영했다. 인스타그램을 찾아보며 동기부여를 받고 열심히 운동을 했지만, 쉽게 바뀌지 않는 몸을 보면서 현실과 이상 사이의 괴리로 인해 놓아버리고 싶었다. 변화는 한순간에 찾아오지 않기에 하루의 노력에 지나치게 높은 결과를 바라진 말자.

"작은 습관이 쌓이다 보면 그 습관이 큰 결실로 온다"라는 것은 이미 알고 있는 진리 아닌가. 그것을 의심하지 말고 직접 실천해보자. 다이어트는 하루 운동했다고 되는 것이 아니듯이 하루아침에 결과가 찾아오길 바라선 안 된다.

막연함을 극복하기 위한 방법

수험생들이 고통받는 이유 중 하나는 '내 실력이 늘고 있는지'에 대한 불안함이다. 제자리걸음하는 것처럼 느껴질 때 우리는 실천을 지속하기가 힘들다. 이런 문제를 해결하는 데 있어 막연히 열심히 한다는 마음으로 임하는 것보다는 구체적으로 실천 목표를 정해두고 임하는 것이 도움이 된다.

나는 컨설팅을 할 때 학생들에게 구체적으로 실천할 작은 목표 한두 가지를 설정해준다. 변화를 마음먹어도 변화의 초기 단계에서는 여러 문제가 터지기 마련이다. 이로 인해 스스로 제대로 하고 있지 못하다는 부정적인 감정에 사로잡히기 쉽다. 그러나 한두 가지의 작은 목표를 구체적으로 정해두고 그것만큼은 꾸준히 해나가고 있다는 마음을 갖는 것은 수험생들의 막연함을 줄여주고 긍정적인 선순환을 만들어준다.

예를 들어, 아침 8시에 일어나서 자리에 일단 앉는다. "아침에 자리에 앉아서는 반드시 영어 한 지문을 푼다"와 같이 구체적으로 내가 목표하고자 하는 것을 인지하고 그것을 달성해간다면 실력이 늘고 있는지에 대한 막연함을 조금은 줄일 수 있다. '꾸준하게 무엇인가를 계속하고 있다는 것을 스스로 확인하면 좋은 결과가 따라올 것'이라는 내적인 믿음이 생겨 긍정적인 선순환이 일어나게 된다. 작은 실패들 속에서 내가 반드시 지킬 작은 목표들을 세우고 그것만큼은 무슨 일이 있어도 지키자.

- 도전 과제 예시
  - 매일 아침 7시에 기상해서 자리에 앉는다.
  - 공부를 할 때는 몰랐던 것이나 틀렸던 것에 더 신경을 많이 쓰자. 맞혔던 것을 못 본다고 해서 너무 스트레스 받지 말자.

- 매일 오전 10~12시에는 국어 공부를 한다.
- 강의를 볼 때는 강의, 복습, 문제 풀이에 최선을 다하고 결과는 조급하게 바라지 말자.

하루에 생각하는 15분이 필요한 이유

고3 때의 나는 마치 공부하는 기계처럼 생활하려고 노력했다. 자기 전까지 문제를 풀고 하루의 공부를 끝내는 순간 바로 침대에 누웠다. 이는 '나는 잘하고 있어'라는 착각을 일으켰다. 그러나 결국 나는 내가 어디로 가고 있는지, 하고 있는 것은 제대로 하고 있는지에 대한 생각을 하지 못했다. 매일 X가 가득한 계획표를 보며 부정적인 감정을 자주 느꼈으며, '내일은 더 열심히 해야지'라는 다짐으로 매일을 아쉽게 보냈다.

그랬던 나를 바꿔주었던 시간은 고작 15분이었다. 매일 무의미한 다짐을 하고 있는 나 자신을 보면서, 문득 'X가 있는 이유가 열심히 안 했기 때문이 아니구나' 하고 깨달았다. 내일 더 열심히 하자고 허공에 무의미한 다짐을 해봤자 달라지는 것은 없다는 것을 알았다. 정작 왜 X가 있었는지를 제대로 생각해보질 않았던 것이다. 그렇게 매일 15분을 스스로 하루를 되돌아보는 데 투자하기 시작했다.

15분을 활용해 나의 문제를 제대로 찾아내고, 고쳐가는 과정을 통해 나만의 방식을 찾을 수 있도록 하는 것이 이 책에서 가장 전달하고 싶은 메시지다. 하루에 15분만큼은 오롯이 나의 하루를 되돌아보는 데 투자하자.

막연함을 극복해내는 꿀노하우 Tip

1. 모든 변수를 통제하려고 하지 마라.
2. 애초부터 계획에 변수를 염두에 둬라.
3. 변화는 하루아침에 이루어지지 않는다.
4. 조급해지지 말고, 목표 실행에 의미를 둬라.
5. 막연함을 극복하기 위한 방법을 명심하라.
6. 구체적인 목표 설정, 실행 그리고 꾸준함이 필요하다.
7. 공부하는 기계가 되지 마라.
8. 15분만이라도 나의 하루를 제대로 되돌아 보라.

복잡한 머릿속을 풀어내는 방법, '실타래 풀기'

꼬리에 꼬리를 물고 커져가는 생각

하루를 마치고 침대에 누우면, 이런저런 생각에 잠을 이루기 어려울 때가 있다. 특히 수험생들 중에는 불안과 걱정으로 인한 불면증을 달고 사는 사람들이 적지 않다. 생각이 꼬리에 꼬리를 물고 커져가고, 불안도 마치 괴물처럼 커져버린다. 그런 상태로 어느 순간 잠에 들면 다음 날 아침에도 왠지 모를 찝찝함과 무기력함에 하루를 시작하게 된다. 결국 무기력한 하루의 연속이 쌓여 슬럼프에 빠지게 된다.

국어 과목을 가르치다 보면, 문학에서 '성찰'이라는 개념이 자주 등장한다. 성찰을 아주 쉽게 표현하면 '작가가 자기 스스로를 되돌아보는 행위'다. 그런데 성찰을 한 후 작가들의 반응은 대부분 '부끄러움'으로 귀결되는 경우가 많다. 잘했던 것보다 부족했던 것을 너 크게 느낀다는 것이다. 보통 우리도 하루를 되돌아보면 잘했던 것보다 못했던 것에 더 신경이 쓰이는 것처럼 말이다. 아침에 늦게 일어난 자신을 반성하고, 유혹에 빠진 자신을 반성하며, 집중력을 제대로 발휘하지 못했던 자신을 반성한다. 그래야만 더 나은 내일을 보낸다고 생각하니까 말이다. 잘하고 싶은 마음이 있다면, 어쩌면 불안을 느끼는 것은 당연한 일이다. 문제는 생각은 다른 생각을 불러오고, 그 생각이 부정적이라면 이후의 생각도 부정적인 경우가 많다는 것이다. 반대로 실제 자신의 모습보다 스스로를 과대평가하고 망상에 가까운 낙관으로 이어지는 수험생들도 많다.

이러한 문제를 줄이기 위한 효과적인 방법은 생각을 생각에 머무르게 하지 않고 기록하고 표면화하는 것이다. 기록의 중요성은 이미 수많은 사람들이 언급하기도 했지만, 당신이 생각하는 것 이상으로 기록은 엄청난 힘을 갖고 있다. 특히 수험생들에게는 진정한 나를 마주할 수 있는, 단순하지만 가장 효과적인 방법이다. 객관적으로 나를 마주하려고 해야 현실을 바꿔나갈 수 있다. 나를 마주한다는 것은 나의 밑바닥을 보는 것이기 때문에 정말 불편하고 어려운 것이지만, 변화의 실마리를 던져주는 것이기도 하다.

걱정을 줄이는 가장 효과적인 방법

“걱정을 줄이려면 바쁘게 살아야 한다”라는 말이 있다. 당장 해야 할 것에 치이는, 정말 바쁜 사람은 걱정할 시간도 사치일 때가 많다. 물론 그것이 꼭 좋다는 것은 아니지만, 분명한 것은 생각과 걱정은 여유가 있을 때 더 커진다는 것이다. 수험생들도 공부를 할 때보다 공부를 하지 않고 계획을 하고 있거나 쉴 때 더 크게 불안을 느끼는 것처럼 말이다.

당신이 걱정하고 있는 것은 절대 걱정하고 생각만 한다고 해결되는 문제가 아님을 명심하자. 수험생의 걱정을 줄이는 가장 효과적인 방법은 성적이 오르는 것이다. 생각을 통한 정신 승리가 아니라, 실행을 통해 결과를 만들어내는 것이 걱정을 줄이는 유일한 방법이다. 되돌아보는 것은 중요하지만, 최소한 어느 정도의 실행력은 꾸준히 유지할 수 있어야 한다. 아무것도 하지 않을 때 걱정은 점점 더 커지고 실제로도 해결 가능성이 줄어든다.

생각에 사로잡혀 아무것도 못하는 것보단 차라리 생각 없이 미친 듯이 공부하는 것이 낫다. 하지만 자신을 되돌아보지 않고 나가기만 하는 것은 눈을 가리고 달리기를 하며 결승선에 도달하기를 바라는 것과 같다. 운이 좋아 결승선에 도달할 수도 있겠지만, 방향을 잘못 잡아 돌아가다가 제때에 도착하지 못할 수도 있다. 그래도 앞이 안 보인다고 걱정하며 제자리걸음하는 사람보단 백 번 낫다는 의미다. 즉, 실행력과 자아 성찰의 균형을 찾아야 한다는 것이다.

실타래 풀어나가기

앞서 이야기한 것처럼 생각이 깊어지면 부정적인 감정에 빠질 때가 많다. 또한 불안이 점점 커져 자신이 잘해온 것들이 다 부정되는 것처럼 감정 과잉에 빠지기도 쉽다. 그러나 그런 순간에 자리에 앉아 실제 자신의 문제를 기록하고 꺼내보면 훨씬 편해진다. 실제 문제가 해결되는 것은 아니지만, 문제를 정리하고 인지하는 것은 막연한 불안에서 벗어날 수 있게 해준다. 그리고 문제를 직접 적어보면 그중에는 실제로 내가 마주하고 있고, 해결할 수 있는 고민이 있는 반면, 현재 내가 아무것도 할 수 없거나, 벌어지지도 않은 고민도 있다. 이러한 구분이 된다면, 지금 내가 해결할 수 있는 고민을 우선순위에 두고 해결해나갈 수 있게 된다.

하나에 문제가 생기면 그 후로도 계속 꼬이기 시작한다. 저녁에 늦게 자니까 아침에 늦게 일어난다. 아침에 늦게 일어나니까 아침 공부의 의욕이 떨어진다. 그러면 자연스레 공부의 집중력도 떨어진다. 반대로 하나의 문제가 해결되면 생각보다 다른 문제들이 연쇄적으로 빠르게 해결되기 시작한다. 수험생들과 상담을 하다 보면, 자신에게 문제점이 너무 많아 스스로 질려버린 학생들이 많다. 하나의 문제를 신경써서 해결하려 해도 다른 문제들이 신경쓰여서 걱정한다. 나도 그 문제점들 중 어떤 문제가 가장 근본적인 문제인지 진단할 수는 없다. 그러나 분명한 것은 그중 하나에 집중해서 해결할 수 있게 이끌어주면, 연쇄적으로 몇 가지 문제는 바로 해결된다는 것이다. 우리의 문제점은 마치 엉켜 있는 실타래와 같다. 어디가 문제의 시작점인지 모르지만, 눈에 보이는 것을 잡고 하나씩 풀어가다 보면 어느새 풀려 있는 것이다.

불안은 생각할수록 더 커지는 법이다. 그리고 불안은 실행력을 통해 극복된다. 생각을 표면화하고 꺼내는 연습을 하자. 내가 해결할 수 있는 문제와 그렇지 않은 문제를 직접 구체화해보자. 지금 내가 할 수 있는 것이 없다면 과감히 제쳐둬라. 지금 닥친 문제를 고민하기도 벅차다. 어차피 우리는 한 번에 하나씩 잘 해나가는 것 외엔 할 수 있는 것이 없다. 문제의 시작점을 찾는 데 너무 많은 애를 쓸 필요는 없다. 문제는 실타래처럼 엉켜 있기에 해결할 수 있는 문제를 해결하는 데 집중하자. 그리하다 보면, 어느 순간 실타래가 풀려 있을 것이다.

수험생활의 핵심은 '생활 패턴'에 있다

"세상을 변화시키고 싶다면 침대 정돈부터 하세요"

하루하루 부정적인 감정으로 수험생활을 보내고 있는가? 너무 많은 문제들로 인해 어떤 문제점부터 고쳐야 할지 모르겠는가? 반복된 실패로 어디서부터 어떻게 시작해야 할지 모르겠는가? 다음은 한때 SNS에서 화제가 되었던 미 해군대장 윌리엄 맥레이븐(William McRaven)의 연설 내용 중 일부다.

"세상을 변화시키고 싶다면 침대 정돈부터 하세요. 매일 아침 침대를 정리하면 그것이 그날의 첫 번째 과업을 완수하는 것입니다. 그 성공이 작은 뿌듯함을 주고 다음 과업을 완수할 수 있게 해줍니다. 침대를 정돈하는 사소한 일이 인생에서 얼마나 중요한 역할을 하는지 보여줍니다. 여러분이 사소한 일을 제대로 해낼 수 없다면, 큰일 역시 해내지 못할 것입니다. 하루가 비참했더라도 정돈된 침대를 보면 내일은 할 수 있다는 용기를 가질 수 있습니다. 세상을 바꾸고 싶다면 이불 정리부터 하세요."

이 연설은 많은 내용을 함축하고 있다. 작은 성공의 힘부터 슬럼프를 이겨내는 방법까지 많은 진리를 담고 있는 연설 내용이다. 성공한 많은 사람들이 이야기한 메시지가 침대 정리라는 스토리와 얽히면서 많은 사람들로부터 공감을 얻었던 연설이었다.

세상을 바꾸는 일에 비해 수험생활은 작은 일로 느껴질 수 있겠지만, 수험생에게 수험생활에서의 성공은 자신의 세상을 바꾸는 일과 같다. 특히 슬럼프에 빠져 있는 수험생들, 반복된 실패로 무기력해진 수험생들, 문제가 너무 많아 보여 어디서부터 어떻게 바꿔야 할지 몰라 손놓고 있는 수험생들이라면 지금부터 하는 이야기에 주목해보자.

변화에 대한 조급함이 수험생활을 망친다

수험생활은 마라톤과 같다. 벼락치기로 하루이틀 열심히 한다고 되는 것이 아니다. 수험생활에서 성공적인 결과를 얻는 사람들은 묵묵하게 주어진 자기 할 일을 해내는 사람들이다. 마음이 조급할수록 변화에도 조급해지기 마련이다. 공부를 하면서도 실력 향상이 빨리 보이길 원하고, 열심히 하고 있다는 그날의 느낌을 위해 무리해서 하루를 보냈다가 다음 날을 망치곤 한다. 그렇게 오버 페이스를 하게 되면 무엇인가를 꾸준히 한다는 것이 말처럼 쉽지 않다.

꾸준하게 하기 위해서는 변화에 대한 조급함을 버려야 한다. 말처럼 쉬운 일은 아니지만, 변화는 꾸준함이 쌓였을 때의 결과다. 조급하게 쫓을수록 하루하루 쌓이는 작은 노력이 티끌처럼 보이고 아무것도 하지 않은 것처럼 느껴진다. 그래서 지속하기가 어려운 것이다. 변화에 대한 조급함을 내려놓고 변화를 위해 당신이 해야 하는 것을 실행하는 것 자체에 의미를 두자. 실행을 했다면, 다음 날도 실행할 생각만 하면 된다.

수면 패턴 정리와 공부의 절대량 지키기

내가 학생들을 컨설팅할 때 가장 먼저 시키는 것이 두 가지가 있다. 바로 '수면 패턴 정리'와 '공부의 절대량 지키기'다. 이 두 가지는 거의 대부분의 수험생들이 규칙적으로 지키지 못하는 것이며, 특히 공부가 잘되지 않아서 컨설팅을 요청한 학생들의 경우 거의 100%에 가깝게 지켜지지 않고 있는 것이다. 그리고 수험생들이 스스로 타협해버리기 가장 쉬운 것이기도 하다.

예를 들어, 친구들과 갑자기 놀게 되거나 중간에 낮잠을 자게 되어 일과를 제대로 보내지 못했을 때 수험생은 '내일부터 잘하자'라는 마음으로 그날 하루를 날려버린다. 결국 공부의 절대량을 지키지 못하거나, 아니면 저녁이 다 되어서야 불안해져 새벽까지 잠을 줄이고 앉아만 있는다. 제대로 잠을 못 잤으니, 다음 날 공부도 망가지는 악순환이 계속된다. 잠은 늦게까지 안 자면서 공부를 못하는 학생들 대다수가 시간을 제대로 못 쓰면서 불안하니까 잠만 줄이곤 한다. 정작 공부 잘하는 학생들은 주어진 시간에 잘하고 잠을 줄이는 것은 최후의 보루로 둔다.

어떤 것부터 어떻게 고쳐야 할지 모르겠다면, 일단 수면 패턴과 반드시 사수할 공부의 절대량부터 지켜라. 그게 흔들리는 순간 수없이 많은 문제들이 파생된다. 올바른 수면, 꾸준한 공부만 이루어지더라도 많은 변수들이 줄어들고 당신의 진짜 문제들이 드러난다.

그리고 만약 슬럼프에 치여 이 두 가지 원칙이 깨진다면, 슬럼프의 굴레 속에 빠져버리게 된다. 수험생활을 하다 보면 작은 실패들이 있을 수 있다. 때론 잘되지 않을 수도 있다. 그러나 그때 당신이 가장 기본이 되는 원칙을 깬다면, 작은 실패를 스스로 키우는 꼴이 된다. 어떤 순간에도 당신이 지켜야 할 것을 지키고, 지켰다면 잘하고 있다고 생각하고 자신을 칭찬해줘야 한다.

의심하지 말고 그저 실천하자. 이 두 가지를 못 지키면, 당신은 온갖 감정의 기복과 변수로 인해 혼돈의 수험생활을 보내게 될 것이다.

네 가지 올바른 학습 태도 갖기

생활 패턴과 관련해서 내가 도움을 받았던 네 가지 학습 태도에 대해 말하고자 한다.

첫 번째는 책상 정리다. 경주용 말은 잘 달릴 수 있도록 하기 위해 시야를 앞만 볼 수 있게 가려놓는다. 환경은 우리의 집중력에 영향을 준다. 당신의 책상이 온갖 공부할 책들로 지저분해져 있다면, 책상 정리부터 해야 한다. 물론 공부 잘하는 학생의 책상이 지저분할 수도 있다.

그러나 이런 예외적인 사례로 합리화하지 말고 차분히 공부에 임할 수 있도록 환경부터 정리해보자. "일을 잘하려면 눈앞에 일할 것 하나씩만 놓으라" 하는 이야기가 있다. 공부할 때도 마찬가지다. 오늘 해야 할 일이 눈앞에 잔뜩 있으면, 뭐 하나 하더라도 다음 것이 눈에 걸리고 신경쓰이게 된다. 불필요한 책들은 버리고, 당장 해야 하는 것 하나만 놓고 집중해보자. 비슷한 맥락으로 집중력을 방해하는 요소들은 줄여가고 나에게 맞는 방식들을 늘려가자.

두 번째는 바른 자세다. 공부할 때 상반신을 구부리지 않으면서 적당히 등받이에 기대는 것이 좋다. 그리고 발바닥은 바닥에,

무릎은 90도로 하는 것이 좋다. 바른 자세로 차분히 임하면 생각도 차분해진다. 자세가 바르면 행동도 바르게 된다. 믿기 힘들다면 직접 실행해보자. 그러면 알 수 있다.

세 번째는 성공할 사람처럼 행동하기다. 수험생 때 인터넷 강의 강사님이 동기부여 영상으로 올려줬던 내용 중 인상 깊었던 것이 있다. "매일을 성공한 사람처럼 임하고, 감사하며 행동해라. 점심에 깍두기가 나왔다면 맛있는 깍두기를 먹은 것에 감사해라." 다소 황당한 이야기로 들릴지도 모르겠다. 많은 수험생들이 수험생활에 좌절하고 외로움을 크게 느낀다. 그러나 실패자의 마음, 걱정과 불안으로는 수험생활을 이겨내기가 정말 쉽지 않다. 성공할 사람처럼 행동하고, 매사에 감사하며, 꿈을 이뤘을 때의 자신의 모습을 자꾸 그려보자.

네 번째는 글씨 바르게 쓰기다. 글씨를 예쁘게 잘 쓰라는 말이 아니다. 글씨를 바르게 알아볼 수 있게 쓰라는 것이다. 글씨를 바르게 쓰는 것은 누군가에게 잘 보이기 위해서가 아니다. 바르게 쓰는 과정에서 생각을 차분하게 할 수 있다. 특히 나는 수학을 공부할 때 정말 많은 도움이 되었다. 정신없이 손을 움직이기만 하면 머리가 해야 할 것을 손이 하다가 실수가 잦을 수밖에 없다.

그 외에도 사람들 각자마다 자신만의 성공 루틴이 있기 마련이다. 중요한 것은 내게 주어진 시간을 더 효과적으로 활용하기 위해서 무엇을 할 수 있을지 고민하는 것이다. 그 본질을 잃지 않고 고민하는 것이 중요한 것이지, 그것을 행하는 방법은 사람마다 다를 수 있다. 수험생활의 기본은 생활에서 비롯된다는 것을 절대 잊지 말자.

수험생을 위한 네 가지 학습 태도 Tip

1. 책상 정리하기
2. 바른 자세로 공부하기
3. 성공할 사람처럼 행동하기
4. 글씨 바르게 쓰기

수험생들을 위한 주의력 관리법

습관이 될수록 요구되는 주의력은 줄어든다

우리의 일상에서 몇몇 행동양식은 의식하지 않아도 자연스럽게 나오도록 습관화되어 있다. 샤워할 때 머리부터 감는지, 몸부터 씻는지 한번 생각해보자. 명확히 대답을 할 수 있는 사람도 있겠지만, 평소에 의식하지 않아서 어디부터 씻는지를 모르는 경우도 많다. 그리고 샤워를 하면서 '머리를 감은 후에 몸을 씻자'라는 생각을 하면서 하기보다는 별다른 생각을 하지 않는다. 우리가 어떤 일을 할 때는 어느 정도의 주의력을 요구한다. 그러나 반복을 통해 습관이 될수록 요구되는 주의력은 줄어들게 된다. 이를 적절히 활용한다면 몰입을 하는 데 큰 도움이 되기도 한다.

효율적인 업무 처리에 대한 조언을 전하는 많은 책들에도 공통적으로 주의력을 관리하는 방법에 대해 쓰여 있다. 대표적으로 시도 때도 없이 밀려드는 메일 및 연락 업무로 인해 정작 해야 할 것에 집중하지 못하는 경우다. 집중력 분산을 줄이기 위해 시간대를 정해서 고정적으로 처리를 하여 다른 시간에는 고통받지 말라는 조언들을 많이 한다. 또한 비슷한 업무들끼리 묶어두어 업무 간 전환 과정에서 소요되는 주의력을 줄이라는 것이다.

예컨대 회의를 몰아두어서 진행하거나, 시간대를 묶어서 오전·오후에 각각 테마를 정해서 비슷한 업무들을 묶어서 진행함으로써 업무 간 전환으로 인해 흐트러지는 집중력을 최소화하는 것이다. 결국 이 내용들은 몰입을 높이기 위한 고민들이며, 이는 다양한 영역을 신경써야 하고 생활 전반에 걸쳐 목표에 대한 몰입을 이끌어내야 하는 수험생들에게도 비슷하게 적용된다.

수험생이 알아야 하는, 주의력의 두 가지 특징

주의력이란 한 가지에 의식을 집중시키는 것과 불필요한 자극은 의식적으로 줄이는 것을 의미한다. 이 책에서는 주의력을 '하루 공부를 하는 데 쓸 수 있는 체력' 정도로 정의하고 이야기해보려고 한다. 주어진 체력을 적절히 배분하고 효율적으로 쓸 수 있도록 하는 것이 우리가 해야 할 일이다. 당연히 체력이 넘쳐나고, 계속해서 일관되게 쓸 수 있다면 좋겠지만 사람인 이상 그게 쉽지 않으니까 이 내용은 반드시 짚고 넘어가야 한다.

주의력의 특징에 대해 두 가지 정도를 알아두면 도움이 된다. 첫 번째는 변화와 적응의 초기에는 주의력이 많이 필요하다는 것이다. 각자 뭔가를 배웠을 때를 떠올려보자. 예컨대 자전거를 배울 때, 처음에는 팔과 다리를 동시에 통제하는 것이 어렵다. 그래서 네 발 자전거를 통해 다리에 들어갈 신경을 줄여주고, 팔에만 집중하게 하는 것이다. 그러다 보면 점차 팔이 적응되고, 나중에는 팔과 다리 모두 크게 신경쓰지 않아도 앞으로 갈 수 있으며, 나중에는 주변을 둘러볼 여유도 생긴다. 이러한 적응의 과정을 확장해보자.

아침에 일어나는 것을 습관화하고 싶거나, 어떤 공부법을 배워서 그대로 해보려고 할 때, 처음에는 변화 자체에 적응하는 데 많은 주의력이 쓰일 것이다. 즉, 처음엔 '잘한다는 것' 자체가 쉽지 않다는 것이다. 그럼에도 불구하고 꾸준히 그 행동을 집중해서 반복했을 때 비로소 조금씩 나아지는 것이다. 그러나 대부분 초반 하루이틀을 해보고 자신에게 맞지 않는 방법이라고 포기하니까 제자리로 돌아가는 것이다. 이 원리만 알아도 수험생활에서 당신이 갖고 싶은 습관을 가질 수 있다.

두 번째는 업무가 전환되는 과정에서 주의력이 흐트러지기 쉽다는 것이다. 학창 시절 수업 시간 50분을 보냈던 기억을 떠올려보면 초반 10분은 집중이 잘되지 않았을 것이다. 게다가 공부하는 영역 자체가 달라지면, 생각해야 하는 방식이나 공부의 방법 자체가 달라지니 전환의 과정에서 주의력이 떨어진다. 그럼에도 불구하고 우리는 여러 과목을 병행해야 하고, 하루 일과에는 이동 시간, 식사 시간, 공부 시간, 쉬는 시간 등 많은 일과의 전환이 있을 수밖에 없다. 그렇기 때문에 전환의 과정에서 주의력을 관리할 수 있는 방법을 고민하는 것은 수험생에게 중요할 수밖에 없는 부분이다.

주의력 관리 요령 세 가지

생활 루틴의 단순화

생활 루틴을 가능한 한 고정적으로 만들어두는 것이 좋다. 특히 수험생이라면 어느 정도 그것이 가능하다. 모든 변수를 통제할 수 있는 것은 아니겠지만, 수험생은 보통 공부 이외의 일정이 많지 않기 때문에 어느 정도 고정적으로 일과를 짤 수 있다. 같은 시간에 같은 루틴을 갖는다는 것은 변화를 추적하고 습관화하는 데 도움이 될 뿐만 아니라, 일상의 여러 유혹을 절제하는 데에도 도움이 된다. 예를 들어, 자투리 시간에 특정 수학 문제집을 풀겠다는 원칙을 세워놓으면, 시간이 남을 때마다 '뭐 하지?' 하고 고민하지 않고 바로 행동으로 옮길 수 있다. 그리고 단순화된 생활을 규칙적으로 반복하다 보면 결국 내가 해온 꾸준함을 잃기 싫어 절제를 하게 된다.

사람이 자신의 의지로 뭔가를 컨트롤한다는 것이 생각보다 쉽지 않다. 나 역시 내 의지력에 대한 신뢰가 높지 않다. 대학생이 된 후 저녁마다 타협해 야식을 먹어 몇 번이고 다이어트에 실패했던 것만 봐도 그렇다. 하지만 특정 측면에서는 상당히 지속력과 절제력이 강했다. 예를 들어, 대학교 4학년 때는 블로그의 글을 매일 썼고, 수험생 때는 100일 가까이 같은 식단과 수면 패턴을 유지했다. 그 절제력은 나의 의지력이 아니라, 실행과 성공의 반복이 습관화된 결과였다. 그러니 여태까지 의지가 부족했더라도 언제든 마음먹으면 할 수 있었던 것이다. 시간이 걸릴 뿐이다. 변화의 과정에서 겪게 될 감정들을 미리 안다면 지속하는데 더욱 도움이 될 것이다. 일과 자체를 단순화하고 쓸데없이 신경써야 하는 것들을 줄이도록 하자.

주의력 전환

수험생은 보통 하나의 영역만 잘해야 하는 것이 아니라 여러 영역을 두루 잘해야 한다. 그렇다 보니 과목의 전환, 장소의 전환 등이 생길 수밖에 없다. 문제는 전환의 과정에서 주의력을 소모하게 된다는 것이다. 몰입이 흐트러진 후 다시 몰입하는 것이 힘든 것처럼 말이다. 하지만 전환은 나쁘기만 한 것은 아니다. 한 과목만 공부를 하다 보면 지치기도 하고, 장소의 전환이 새로운 마음가짐으로 집중할 수 있게 만들어주기도 한다. 그렇기 때문에 전환을 적절히 잘 활용하는 것은 공부에 있어서 매우 중요하다. 정리하면, 전환 시 초반에는 집중하기 위한 자신만의 루틴을 만드는 것이 도움이 된다.

예를 들어, 자리에 앉은 후에는 눈 감고 심호흡을 하고 시작하는 등 자신만의 루틴을 만들어 반복하면서 전환의 과정에서 흐트러지는 주의력을 잡으려고 노력하는 것이다. 전환의 과정에서 집중력이 흐트러질 수 있지만, 나는 전환을 자주 활용한 편이었다. 나는 나의 집중력이 50분 정도라고 생각했기 때문에 50분 정도 집중한 후 같은 과목의 다른 책이나 아예 다른 과목의 책으로 바꿔주었다. 사람마다 다를 수 있지만 한 과목을 오래 붙잡고 있으면 두세 시간 전체가 흐트러지는 경우가 많았다. 그래서 나는 과목 자체의 전환을 자주 활용하는 편이었다. 또한 공간의 전환도 적절히 활용했다. 오전과 오후에는 시험장과 비슷한 책상에서 했다면, 저녁에는 남들과 같이 공부할 수 있는 트인 공간에서 했다. 이처럼 전환을 활용해 얻을 수 있는 이점과 전환의 과정에서 소모되는 주의력 사이의 균형을 잘 찾는 것이 중요하다. 사람마다 다를 수밖에 없는 부분이기 때문에 자신의 상황에 맞춘 활용을 할 수밖에 없다.

나는 운동과 시험이 상당히 비슷하다고 생각한다. 왜냐하면 극도의 긴장 속에서 퍼포먼스를 이끌어내야 하는 일들이기 때문이다. 야구 선수들 중에는 타석에 들어서면 치는 것과는 전혀 상관이 없는 행동을 하는 선수들이 꽤 많다. 헬멧을 벗었다 쓴다거나, 특정 방식으로 배트를 돌리고 자세를 잡는데, 이러한 루틴은 야구 선수들의 심리적인 안정에 큰 도움을 준다. 배트를 치는 것과 전혀 상관이 없는 행동이지만, 그 사전 동작을 했을 때 잘되었던 경험이 반복되면서 심리적 안정을 주는 효과다.

나는 시험장에서 이러한 루틴의 특성을 활용해 큰 도움을 받았다. 나는 아침마다 8시까지 독학재수학원에 도착해서 국어 한 지문을 푸는 것을 5월부터 수능을 치는 당일까지 '단 하루도' 빼먹지 않고 매일 했다. 이 이야기를 들으면 '어떻게 절제를 했을까?' 하는 생각이 들 수 있겠지만, 초반에 실행 자체에만 초점을 맞추고 일주일만 넘기면 하게 된다. 흐트러지고 힘든 순간에는 '그래도 한다'라는 마음으로 버틴다. 그리하다 보면 그게 어느 순간 습관이 된다.

습관의 중요성이 힘을 발휘한 순간은 시험 당일이었다. 나는 수능 당일에 체해서 밥을 제대로 먹지 못했다. 이미 삼수였기 때문에 '시험을 한 번 더 망치면 강제로 군대를 가야 한다'라는 생각이 들었다. 그러나 이런 불안도 곧 사라졌다. 늘 해오던 국어

한 지문 요약을 하다 보니 별다른 생각 없이 자연스럽게 늘 하던 것처럼 시험의 순간에 몰입할 수 있었다.

나만의 집중 방식을 만들어가는 것도 루틴을 활용해서 도움을 받았다. 나는 집중을 할 때 자리에 앉아서 눈을 감고 백지를 그리는 과정을 했다. 처음에는 집중하고자 하면 오히려 잡생각이 더 많아졌다. 하지만 특정 생각 혹은 행위로 집중을 하는 경험을 하고 그 성공 경험을 반복했더니 나중에는 놀랍게도 눈을 감고 생각을 하면 정말 집중이 되는 듯한 느낌을 받았다. 그리고 이는 시험장에서도 비슷했다. 마치 주술 같지만, 시험을 칠 때 페이지나 유형별로 나만의 루틴이 있다 보니 실제 그 순간에 그 행동들을 하면 자연스럽게 몰입이 되었다. 긴장을 줄이는 것은 단지 우황청심환 같은 약을 먹거나 '긴장을 안 해야지' 하는 마음을 먹는다고 되는 것이 아니다. 나만의 긍정적 경험의 루틴을 반복하는 것이 몰입을 높이고 긴장을 줄이는 데 도움이 된다.

이러한 방법들 이외에도 나의 몰입 상태를 유지하고 관리할 수 있는 나만의 방식을 고민해야 한다. 하루 종일 최상의 상태로 집중할 수 있는 것이 아니기 때문에 우리는 주의력을 관리할 수 있어야 한다. 실천하기가 어렵다면 처음에는 생활의 규칙성만큼은 꼭 지키면서 그때그때 고민하고 의사결정을 하는 데 낭비되는 주의력부터 챙기자.

4장

자기 자신을 믿으면 가능성은 무한하다

마음가짐을 바꿔야 실패하지 않는다

계획은 한 번에 완성되지 않는다

고등학교 3학년 때, 나는 매일 계획을 세우느라 많은 시간을 허비했고 그 과정에서 상당한 입시 스트레스를 받았다. 계획을 세웠지만 매일 계획표에는 X가 쌓여갔고 어떤 날은 계획을 다시 짜느라 정작 공부는 안 하기도 했다. 그러나 그것이 단순히 의지가 없어서 발생한 문제라고 생각하지는 않는다. 늘 같은 문제를 반복하고 있음에도 불구하고 계획을 짜고 실행을 하는 과정에서 겪는 작은 실패들에 대해 어떻게 대처해야 할지 몰라서 힘들었다. 그리고 나와 비슷한 문제를 겪는 수험생들이 적지 않다는 것을 수험생들과 소통하면서 알 수 있었다.

계획의 실패가 반복되는데도 불구하고 이를 어떻게 개선해야 할지를 생각하는 것이 수험생 입장에선 쉽지 않다. 옳다고 생각하는 자신만의 방식을 깬다는 것이 상당히 불안하게 느껴져서 더욱 그렇다. 그러니 잘못된 것 같더라도 그걸 깬다는 게 쉽지 않다. 따라서 계획을 세우고 실행을 하는 과정에서 수험생들이 겪게 될 상황을 미리 제시해준다면 실행 과정에서 겪는 불안을 조금은 줄일 수 있을 것이다. 계획은 한 번에 완성되지 않는다. 이를 제대로 이해하지 못하면 수험생활 내내 매일 계획을 다시 짜고 실패하는 것을 반복할 가능성이 크다.

계획을 완벽하게 짜는 것이 어려운 이유

나도 수험생 때 '이번에는 완벽한 계획을 세울 수 있을 것 같다'라는 마음에 계획을 다 뒤집어엎고 다시 짜곤 했다. 하지만 완벽한 계획을 짠다는 것 자체가 말 그대로 이상을 좇고 있는 것이 아닌지 생각해볼 필요가 있다. 다시 말해, 현재 내가 어느 정도의 계획을 소화할 수 있는지 알지 못하는데 완벽한 계획을 짠다는 것은 어려운 일이라는 것이다. 그런데 문제는 내가 어느 정도의 계획을 소화할 수 있는지는 실행을 해봐야 알 수 있다는 것이다. 결국 계획만 반복해서 짜고 있다는 것은 내가 어느 정도의 실행력을 갖고 있는지를 감으로 추측해보고 있는 것일 가능성이 높다는 것이다. 직접 해보기 전까지는 내가 듣고 있는 강의를 듣고 복습을 하고 과제를 하는 데 평균적으로 어느 정도가 걸릴지에 대한 감을 잡기 힘들다. 특히나 상위권이 아니라면 모르는 것들이 많아 어려운 문항을 만나면 계획의 변수가 커지기 마련이다.

이처럼 많은 변수로 인해 처음부터 완벽하게 들어맞는 계획을 짠다는 것 자체가 사실 구조적으로 불가능에 가깝다. 그렇다면 완벽한 계획은 짤 수가 없는 것일까? 완벽한 계획은 한 번에 짜는 것이 불가능하다. 만약 가능하다면 계획의 양을 터무니없게 적게 잡은 경우일 것이다. 완벽한 계획은 짜는 것이 아니라, 자신의 실행량을 확인해가며 만들어가는 것이다. 계획이 좀 틀어졌다고 계획을 뒤집어엎어 처음부터 다시 짜는 것이 아니라, 계획을 수정해서 내일과 오늘을 비교해가야 한다는 것이다.

계획의 실패를 버티고 실행을 지속해야 하는 이유

사실 굉장히 당연한 이야기이고 누군가에겐 크게 고민거리 자체가 아닐 수 있다. 그래서 사람이 가진 성향이 공부를 하는 데 많은 영향을 준다고 생각한다. 오히려 큰 고민 없이 되는 대로 실행하는 사람이 고민만 계속하는 사람보다 좋은 결과를 갖는 경우가 많다. 그러나 실행이 중요하다는 이야기를 아무리 하더라도 완벽주의 성향이 강하거나, 계획을 통제하길 바라는 사람은 그것이 쉽지 않다. 계획의 통제 욕구가 큰 수험생들은 계획이 통제가 안 된다고 느껴질 때 아예 놓아버리는 경향이 크다. 이들이 단순히 의지가 없다고 하기엔 그들 스스로도 깊은 고뇌를 갖고 있는 경우가 많다.

결국 이런 성향의 수험생들이 바꿔야 하는 생각은 초반에는 계획이 실패할 가능성이 더 높다는 것을 받아들이는 것이다. 앞서 이야기한 것처럼 초반에는 우리가 예측하기에 너무 많은 변수들이 놓여 있다. 그리고 자신의 학습 역량을 확인하기 위해선 실행을 통한 확인 작업이 필요하다. 그렇기 때문에 가장 중요한 것은 계획이 조금 틀어지더라도 '지금부터 남은 것은 마저 잘 끝낸다'라는 마음으로 그날의 계획을 완수하는 것이다. 이게 생각보다 힘든 과정이다.

완벽주의 성향이 강할수록 실패를 끌고 간다는 것이 쉽지 않다. 실패에 대한 좌절이 크다 보니 타협도 더 쉬워지는 법이다. 다이어트를 다음 날로 계속 미루는 것처럼 말이다. 그러나 오늘 남은 시간을 제대로 보내지 못하면, 내일 더 나아질 수가 없다. 오늘의 문제를 개선해서 내일 더 나아지는 것이 가장 중요한데, 오늘을 통째로 망쳐버리면 '내일은 열심히 하자'라는 다짐밖에 할 수가 없기 때문이다.

요약컨대 초반에는 계획의 실패를 어느 정도 염두에 두자. 계획이 실패로 돌아가서 낙심하더라도 그 순간부터 '지금부터 잘 한다'라는 마음으로 마저 하루를 보내자. 그다음에 하루를 마무리하며, 더 나아져야 하는 구체적인 지점을 확인하고 반영하는 것이 중요하다. 계획은 뒤집어엎는 것이 아니라 수정하는 것이라는 점을 명심하자.

'계획을 짠다'라는 생각보다 '하루를 기록 한다'라는 마음으로 임하도록 하자. 기록을 하다 보면, 자신이 특정 강의를 듣고 공부를 하는 데 평균적으로 어느 정도가 걸리는지 확인할 수 있다. 결국 그게 나중에 계획이 되는 것이다. 마지막에 가서는 계획을 크게 짤 필요가 없어진다. 그저 매일 그 시간에 그 공부를 하고 있고, 어느 정도를 할 수 있을지가 뻔히 보이게 되니까 말이다.

스트레스는 줄이고 실행력은 높이는 방법 (Tip)

1. 계획이 틀어질 수 있음을 받아들여라.
2. '계획을 짠다'라는 생각보다 하루를 '기록한다'라는 마음으로 정리하라.
3. 계획이 틀어진 경우 그때부터 하루를 최선을 다해 마무리하자.
4. 내일은 오늘보다 하나라도 나아질 수 있게 피드백하자.

꿈과 목표, 장기 계획에 대해

꿈과 목표, 타협하지 말아야 할 것

꿈과 목표에 대해서는 사람들마다 다른 가치관을 갖고 있을 수 있지만 나는 꿈과 목표를 설정하는 것만큼은 타협하지 않았으면 하는 바람이 있다. 재수학원에서 학생들과 상담을 할 때, 나는 '목표'가 무엇인지를 먼저 물어보는 편이다. 하지만 이에 자신감 있게 대답하는 수험생들은 생각보다 많지 않다. 이때 목표는 꼭 원대한 것일 필요는 없다. 그것이 점수든, 사소한 것이든 상관없다.

물론 꿈을 꾼다고 다 이룰 수 있다는 것은 아니다. 하지만 꿈과 목표 설정에 있어 타협하지 않았으면 하는 이유는, 그것이 내가 끝까지 노력할 수 있는 원동력이기 때문이다. 보통 꿈과 목표로 세우는 것들은 대부분 다 이루기 어려운 것들이다. 가능성과

수치화된 데이터, 나의 현재 위치를 보면 사실 도전할 수 있는 것 자체가 많지 않다. 그렇게 리스크를 피하고 선택한 쉬운 일이면 나한테만 쉬운 것도 아닐 것이다. 언제든 자신의 현재 위치를 뛰어넘는 도전은 리스크가 있을 것이고 불안할 것이다. 하지만 그럼에도 불구하고 이루고 싶다는 마음이 있다면, 그 꿈은 등대처럼 내가 길을 잃거나, 힘들 때 나아갈 수 있게 하는 나침반이 되어준다.

다시 말하지만, 꿈을 꾼다고 다 이룰 수 있다는 것은 아니다. 오히려 그러한 낙관으로 노력을 소홀히 하게 된다면 그건 망상에 불과하다. 하지만 분명한 것은 꿈을 꾸어야 그 꿈에 닿을 수 있는 기회도 주어진다는 것이다. 그렇다고 해서 매번 리스크가 높은 선택을 하라는 것은 절대 아니다. 하지만 인생에는 그 리스크를 짊어지고서라도 도전해보아야 할 때가 있는 법이다. 그렇게 투자할 만한 일이라면 목표를 두고 그에 걸맞게 노력을 하자.

'과연 내가 이 목표를 가질 자격이 있을 만큼 노력하고 있는가?'라는 마음으로 스스로를 다잡고 가야 한다. 그렇다면 설령 이루지 못하더라도 그에 준하게 높은 위치에 있을 것이고, 한 번에 성공하진 못하더라도 다음의 도전에 성공의 가능성을 높일 수 있는 법이다. 꿈은 등대다. 내 위치와 상관없이 내가 가고 싶은 곳을 비추어보자. 내가 설정한 나의 목표는 나를 더 강력하게 끌어준다.

장기 계획으로 고통받는 수험생들

수험생이라면 목표에 닿기 위해서 수험생활을 어떻게 보내야 할지 생각해보는 것은 당연하다. 시기별로 어떤 학습에 집중해야 하는지, 어떤 교재나 강의가 좋은지 등 전체적인 청사진을 그려 보는 것이다. 리스크를 짊어졌지만, 가보지 않은 길이기에 가능한 한 많은 정보들을 구하고 신중을 기해야 한다. 하지만 장기 계획과 관련해서 어려움을 겪는 수험생들이 많다. 막상 수험생활을 보내다 보면 예상했던 것보다 계획이 밀려 장기 계획이 계속 틀어지거나, 반대로 계획이 생각보다 빨리 끝나 장기 계획을 또 수정해야 해서 스트레스를 받는 것이다.

나도 수험생 때 "계획을 일주일 단위, 한 달 단위, 분기 단위 등으로 짜라" 하는 선배의 말을 듣고 실천해봤다. 그런데 짜는 것은 문제가 없었지만 막상 계획을 실천하다 보니 내가 짰던 것보다 시간이 오래 걸리거나, 짧게 걸렸다. 그래서 이후에 짜놓은 계획을 또 바꾸느라 스트레스를 받았고 시간을 낭비했다.

결론부터 말하자면, 내 장기 계획이 실패한 이유는 나의 학습 역량도 모르는 상태에서 장기 계획을 너무 구체적으로 짜고 있었기 때문이다. 자신의 학습 역량을 어느 정도 알고 있다면, 계획을 짰을 때 큰 오차 없이 실행 가능하다. 하지만 앞서 이야기했던 것처럼 나는 내가 계획을 소화하는 데 시간이 어느 정도 소요될지를 제대로 파악하고 있지 못했다. 그리고 장기 계획에 대해 고민을 토로하는 수험생들 대부분이 비슷한 상황이다. 당연히 계획은 수정 가능성을 염두에 둬야 했지만 장기 계획마저도 구체적으로 짜야 한다는 이유로 '실제 내가 할 수 있는 양'이 아닌 '내가 바라는 계획의 속도'에 맞춰 계획을 짰던 것이다. 결과적으로 계획이 틀어지면 세워놓은 이후의 모든 계획들이 다 틀어져서 공부에 몰입하는 것이 쉽지 않았다. 그러나 이러한 문제는 지금부터 생각 하나만 바꾸면 해결할 수 있다.

장기 계획을 짜는 데 스트레스 받지 말자

장기 계획은 말 그대로 청사진에 불과하다. 수능으로 표현하자면 만약 당신이 5등급이면, 계획은 5등급 수준에서 봤을 때 필요하다고 보이는 것이다. 다시 말해, 막상 3등급이 되면 5등급 때 필요해 보였던 것들이 불필요한 계획으로 보인다. 5등급 때는 강의로 들어야 한다고 생각했던 계획이 정작 실력이 오르고 보니 굳이 강의는 필요 없이 혼자 자습으로 해결할 수 있게 되는 것처럼 말이다.

장기 계획은 현재 나의 진행 속도도 알지 못하고, 나의 실력 발전 속도도 알지 못하는 상태에서 짜게 되는 것이다. 그렇기 때문에 먼 계획일수록 많은 변수들이 놓여 있고 당연히 틀어질 가능성이 높다. 정리하면, 너무 먼 계획을 구체적으로 짜느라 고통받지 말자. 어차피 실패할 가능성이 훨씬 높을 것이다. 명심해야 하는 것은 내가 지금 할 수 있는 것은 정해져 있고 하나의 단계가 끝났을 때 그다음을 고민해도 충분하다는 것이다.

미래의 걱정을 줄이고 현재에 집중하는 방법

앞으로 해야 할 계획으로 인해 스트레스를 받는 수험생이라면 지금부터 하는 이야기만 명심하자. 수험생에게 주어진 시간은 제한적이고 현재 나의 위치에서 영역별로 할애할 수 있는 시간도 제한적이다. 결국 아무리 이후의 계획을 완벽하게 짜놓더라도 어차피 지금 내가 당장 할 수 있는 것은 정해져 있다는 것이다.

예를 들어, 국어 과목을 공부하는데 이후의 커리큘럼이 어떻든 지금 내가 하루에 국어에 할애할 수 있는 시간이 정해져 있고, 그 시간 안에 교재를 풀거나 강의를 수강할 수 있는 것이다. 이후의 계획이 어떻든 지금 할 수 있는 것은 정해져 있다는 것이다. 결국 나는 주어진 시간에 하기로 한 것을 제대로 한다는 전제하에 최대한 빠르게 하는 것에만 집중하면 된다. 그걸 언제 끝낼 수 있을지 예측하는 데 시간을 낭비할 것이 아니라, 어차피 할 수 있는 것은 정해져 있으니 할 것을 하는 데에만 집중하자.

선택의 순간에 신중하게 가장 우선순위의 선택을 하자. 그러고 나서 주어진 시간에 그것을 최대한 잘 해내는 것만 신경쓰자.

그다음 어떤 강의를 들을지, 어떤 교재를 풀지는 그때 나의 수준에서 최선의 선택을 하면 되는 것이다.

별것 아닌 이 원칙이 수험생들의 실행력을 높인다. 많은 수험생들이 장기 계획으로 인해 고통을 받아 현재 공부하는 것을 급하게 끝내거나, 어설프게 병행을 하다 정작 하나도 제대로 못 끝내 실력 향상도 더디게 된다. 우리가 욕심을 낸다고 더 할 수 있는 것이 아님을 인정하자. 대략적으로 언제쯤 끝내겠다는 것은 잡아둘 수 있지만, 너무 구체적으로 잡는 데 힘을 빼고 있다면 당장 멈추자. 어차피 지금 해야 할 것은 정해져 있다. 그것을 잘하는 것에만 집중하고 그다음 선택을 이어가면 그만이다.

사람의 성향에 따라 같은 공부법도 다르게 활용할 수 있다. 장기 계획을 짜도 크게 오차가 없는 수험생들, 장기 계획을 세워놓고 어떻게든 이를 이루고자 동기를 부여받는 수험생들은 나름대로 자신에게 맞는 방식으로 활용하면 된다. 공부법에 정답은 없다.

고정적 계획과 유동적 계획

잘하는 것은 재밌어서 계속하게 되고 재밌는 것은 계속하다 보니 더욱 잘하게 된다. 이처럼 긍정적인 순환도 있지만 반대의 경우도 있다. 하기 싫은 일은 안 하게 되고 안 하다 보니 못하게 된다. 시간이 지날수록 이러한 경향은 더욱 강해지고, 특히 하기 싫은 일의 경우에는 아예 포기하게 되며, 다시 하려 해도 손에 잡히지 않고 미루게 된다.

문제는 여러 가지를 병행해서 준비해야 하는 수험생들은 어느 하나 빠지는 것 없이 고루 잘해야 한다는 것이다. 수험생들은 자신이 잘하는 과목 혹은 흥미를 느끼는 과목은 하루 계획에 있어서도 제일 먼저 넣거나 가장 많이 넣는 반면, 못하는 과목 혹은 하기 싫은 과목은 '해야 한다는 것을 알지만' 미뤄두거나, 하더라도 제대로 집중해서 임하지 못한다. 그 결과 정작 해야 하고 준비가 필요한 부분에 제대로 몰입하지 못해 수험생활을 효과적으로 보내지 못한다. 이러한 실행력 문제를 해결하기 위해 고정적 계획과 유동적 계획에 대해 살펴볼 필요가 있다.

고정적 계획과 유동적 계획은 실행력 문제뿐만 아니라 '계획의 예측 불가능성'을 해소해주기도 한다. 많은 수험생들이 계획의 예측 불가능성으로 인해 고충을 토로한다. 예측 불가능성은 크게 '일정의 예측 불가능성'과 '속도의 예측 불가능성'으로 나눠 볼 수 있다. '일정의 예측 불가능성'은 하루 일과에 있어 변수가 발생하는 것을 의미한다. 물론 수험생의 경우 일과의 변동이 일반 사람들에 비해 훨씬 적긴 하지만, 자투리 시간도 아껴쓰는 수험생의 입장에서 수업이 예상보다 길게 끝나는 정도의 작은 일정 변동도 크게 스트레스로 다가오기 쉽다.

'속도의 예측 불가능성'은 쉽게 말하자면 계획한 것과 실제 그 일을 하는 데 걸리는 소요 시간이 다르다는 것이다. 어려운 부분을 공부하느라 혹은 그날의 컨디션으로 인해 계획했던 것보다 시간이 오래 걸리는 날이 있을 수도 있다. 이처럼 계획의 변수로 인해 많은 수험생들이 스트레스를 받는데 이러한 문제를 해결하는 것에도 고정적 계획과 유동적 계획의 구분이 도움이 된다.

고정적 계획과 유동적 계획의 활용에 있어 정답은 없다. 고정적으로 분량이나 시간을 정해놓고 '지킬 때까지는 밥도 안 먹겠다'라는 의지로 하는 수험생이 있을 수도 있다. 반면에 무리한 계획량으로 인해 정작 공부하는 것에 몰입을 하지 못하고 쫓기는 수험생도 있다. 그렇기 때문에 고정적 계획과 유동적 계획의 특성을 이해하고 둘의 적절한 조화를 통해 실행력을 끌어올리고 계획에 몰입할 수 있도록 해야 한다. 아래 내용은 수험생들을 지도하면서 경험적으로 느낀 고정적 계획과 유동적 계획의 활용 기준이다. 하지만 절대적인 것은 아니며 자신의 스타일에 맞게 바꿔도 전혀 문제없다.

고정적 계획의 활용

고정적 계획의 가장 큰 장점은 '실행력'이다. '시간이 남으면 해야겠다'라고 생각하는 것은 대부분 하지 못한다. 시간을 내서 해야 하는 것이지, 시간이 남으면 하겠다고 하는 것들은 대부분 못하고 마음의 짐으로 미뤄두게 되는 경향이 크다. 특히 하기 싫은 것과 잘하지 못하는 것은 수험생에게 있어 가장 중요한 것이다. 내게 부족한 것을 채워야 실력이 오르는 것이 당연하다. 하지만 그런 일들일수록 미루고 싶고, 하더라도 생각만큼 잘되지 않으니 집중하기가 어렵다. 결과적으로 시간 여유가 있음에도 불구하고 미루다가 정작 해야 할 것을 못한다. 이러한 문제를 해결하는 가장 좋은 방법이 바로 '고정적 계획의 활용'이다.

유동적 계획의 활용

예측하기 어려운 것을 예측하느라 스트레스 받는 것만큼 어리석은 일은 없다. 즉, 하루 일과를 살펴보면 고정적으로 확보가 가능한 시간이 있다. 예를 들어, 재수 종합반 같은 학원을 다닌다면 수업 시간이나 자습 시간이 정해져 있을 것이다. 학교를 다닌다 하더라도 하교 후에 고정적으로 확보 가능한 시간이 있을 것이다. 계획을 짤 때는 우선 예측 가능한, 특별한 변수가 있지 않은 이상 확보 가능한 시간들을 기준으로 짜도록 하자. 그래야 달성 가능성이 높고 지속하기가 쉽다. 예컨대 매일 학교 다녀온 이후 6시부터 11시까지는 특별한 일정 없이 항상 확보가 가능하다면, 우선 그 시간대를 기준으로 해야 할 것을 정해두고 분량을 정해두자.

물론 고정적으로 확보 가능한 시간을 기준으로만 계획량을 세워놓는다면 그 양이 매우 적다고 느껴질 것이다. 고정적이진 않다 하더라도 그날그날 공부를 할 수 있는 자투리 시간이 상당히 많기 때문에 결국 유동적으로 달라지는 일정에 대응할 수 있는 유동적 계획도 필요한 법이다.

유동적으로 달라지는 계획의 특성상, 세 가지를 고려하여 계획을 세우면 좋다. 첫째, 유동적 계획이 틀어지더라도 너무 스트레스를 받지 말자. 유동적 계획은 말 그대로 유동적으로 달라질 수 있는 계획이다. 그렇기 때문에 어느 정도 자투리 시간을 활용해 자신이 어느 정도를 할 수 있을 것이란 감이 있더라도 그 양에 지나치게 강박을 갖진 않았으면 한다. 최선을 다하되 조금은 예측과 다를 수 있다는 생각을 갖자. 반대로 말하자면 반드시 해야 하는 것들은 고정적으로 계획을 구성해야 꾸준히 지속할 수 있는 것이다. '고정적으로 해야 하는 것은 반드시 끝내야 하지만 유동적으로 달라지는 것은 할 수 있는 만큼 한다'라는 마음으로 최선을 다하는 편이 몰입하는 데 도움이 된다.

둘째, 유동적 계획은 단순하게 구성하자. 자투리 시간에 해야 하는 것들을 산더미처럼 쌓아놓으면 해야 하는 것에 집중하기가 힘들다. 할 일을 열 가지 쌓아놓고 되는 대로 다 하겠다는 것보다 정말 해야 하는 것들 두세 가지만 정해놓는 편이 좋다. 예를 들어, "자투리 시간엔 학교 복습을 최우선으로 하고, 시간이 된다면 수학 숙제를 하겠다" 하는 정도로 구성하는 것이다. 이를 위해선 애초에 해야 하는 것들을 줄여놓는 작업이 선행되어야 한다. 앞서 이야기한 것처럼 해야 할 것이 많은 것은 알지만 어차피 그것들을 한 번에 다 할 수는 없다는 사실을 받아들이고 해야 하는 것들을 잘하는 데 집중하자.

셋째, 유동적 계획은 몰입을 빨리할 수 있는 성격의 공부가 좋다. 그때그때 시간이 날 때마다 의욕적으로 달려들고 끝낼 수 있는 특성을 가진 공부가 효과적이란 것이다. 예컨대 '복습'이라는 행위는 '끝'이라는 기준이 애매한 공부다. 그렇기 때문에 자투리 시간에 복습을 할 경우 지지부진하게 계속 붙잡고 있는 경우가 많다. 반대로 적정한 난이도의 문항을 푼다면 자투리 시간을 활용해 많은 문항을 풀었다는 긍정적인 마음에 이후 공부도 의욕적으로 해나갈 수 있게 된다.

컨디션을 극대화할 수 있도록 고민하라

고정적 계획과 유동적 계획에 대해 이야기했지만, 이뿐만 아니라 양 단위 계획이 좋을지, 시간 단위 계획이 좋을지 등 하루 일과를 어떻게 구성할지에 대해서 생각해볼 수 있는 지점은 많다. 핵심은 단순히 "이러한 공부는 고정적으로, 이러한 공부는 유동적으로 하라" 하는 것이 아니다. 수험생들을 지도하면서 경험적으로 얻은 팁이라 분명 많은 수험생들이 공감할 수 있고 도움을 받을 수 있을 것이다. 하지만 본인의 스타일에 맞게 조금씩 바꾸는 작업을 적극적으로 할 수 있어야 한다.

가장 중요한 기준은 "나의 공부 컨디션을 긍정적으로 유지하고, 더 효과적으로 수험생활을 보내기 위해서 고민한다"라는 것이다. 방법론은 이러한 고민에 따라 사람마다 다르게 나올 수 있다. 방법론에 정답을 찾으려 하기보다는 추상적인 이야기일 수 있겠지만 '나를 성찰하고 나의 문제를 나아지게 만들 수 있는 고민'을 하루 10분씩이라도 해보자. 그래야 사사로운 방법론에 흔들리지 않고 나만의 기준을 세워나갈 수 있을 것이다.

줄여야 하는 것과 끊어야 하는 것의 기준

합리화를 걷어내다

인생은 선택의 연속이다. 수험생이 된다는 것은 일정 기간 동안 하고 싶은 것이 있더라도 참고 그 시간을 목표를 위해 쓴다는 것을 의미한다. 수험생은 자신의 욕구를 절제하고 자신의 모든 시간을 온전히 바라는 목표에 집중한다는 점에서 도를 닦거나 종교에 몰입하는 사람들과도 비슷한 면이 있다.

수험생활은 마라톤과 같기 때문에 꾸준하게 실천을 하고 그 과정에서 문득 찾아오는 불안함을 관리하는 것이 중요하다. 따라서 수험생활에서는 공부와 더불어 생활을 어떻게 하는지도 중요하다. 그러나 우리의 주변을 보면 목표에 몰입하는 데 방해가 될 만한 요소들이 너무나도 많다. 머리로는 목표를 위해 참아야 한다는 것을 알지만 자신이 해오던 것, 좋아하던 것을 절제하고 끊는다는 것은 여간 어려운 일이 아니다.

수험생활을 할 때 가장 이상적인 것은 공부 외에는 가능한 한 불필요한 모든 것을 최소화하는 것이다. 그러나 수험생도 사람이기 때문에 휴식과 전환은 분명 필요하다. 문제는 어느 정도의 휴식을 취할 것이며, 그것이 공부에 방해되지 않는 수준인지 등에 대한 정답이 없다는 점과 균형을 스스로 판단해서 결정해야 한다는 점이다. 그렇기 때문에 이 과정에서 많은 수험생들이 합리화를 하기 쉬워진다.

"공부를 잘하는 사람도 게임을 한다"라고 말하며 게임을 해도 된다는 합리화를 하기도 하고, "주말은 쉬었다"라는 누군가의 이야기를 전하며 주말은 쉬어도 괜찮다는 합리화를 하는 것이다. 물론 절대적인 정답은 없다. 게임을 하면서 성공한 사람도 있을 것이고, 주어진 시간에 잘하고 주말에는 쉰 사람도 있을 것이다. 그러나 그 이면에는 결과를 만들어낼 수 있었던 숨은 노력, 자신만의 방식이 있었을 것이다. 이러한 부분은 보지 못하고 단지 내가 쉬는 것에 대한 불안함을 줄이는 합리화의 근거로서만 활용하는 수험생들이 많다.

얼마나 쉬어야 하는지, 무엇을 하면서 쉴 것인지, 줄여야 하는 것과 끊어야 하는 것이 어떻게 다른지는 결국 자신만의 기준으로 결정할 수밖에 없다. 나 또한 정답을 내려줄 수는 없다. 하지만 합리화를 최대한 걷어내고 결정 과정에서 생각해봐야 하는 것들을 제시하고자 한다. 이번 기회에 자신의 기준을 되돌아보는 시간을 가져보자.

학습된 무기력, 실패의 중독

나는 독학으로 입시를 준비했다. 재수를 처음 시작했을 때는 기숙학원을 들어갔지만 일주일 정도 만에 나왔다. 모든 생활이 통제되는 상황에서 견디는 것이 쉽지 않았다. 그렇게 기숙학원에서 나온 후 나는 '스스로 통제해보겠다'라는 마음으로 독서실을 다니면서 수험생활을 보냈다. 하지만 생각보다 스스로 관리한다는 것은 쉽지 않았다.

나는 게임 중독까지는 아니었지만, 그래도 스트레스를 푸는 정도로 게임을 즐기는 편이었다. 그래서 하루 공부를 잘했으면 그에 대한 보상으로 친구와 한 시간 정도 게임을 하곤 했다. 물론 한 시간을 하려던 것이 길어지는 경우도 간혹 있었다. 문제는 '흐트러져도 가끔'이라는 생각에 합리화를 하기가 쉬웠다는 것이었다. 정작 게임을 하고 나오면 하루 열한 시간을 잘 보냈어도 후회가 밀려왔다. 분명 끊어야 하는 것임을 스스로 알고 있음에도 불구하고 절제할 수 있다고 믿고 싶었던 것인지도 모른다.

끊어야 한다는 것을 알고 있어도 끊기 어려운 마음은 백 번 이해한다. 그래서 늘 스스로는 실패를 반복해도 다음엔 절제할 수 있을 것이란 희망을 갖고 합리화를 하게 되는 것이다. 그런데 이러한 합리화는 마치 마약처럼 중독된다. 그렇게 실패에 중독되면 무기력을 학습하게 된다. 학습된 무기력과 관련한 실험에서 동물들이 보이는 심리적인 무력감이 수험생들에게서도 비슷하게 나타난다. 더욱 문제가 되는 것은 수험생들 스스로는 희망고문을 하고 있다는 것이다.

특히 재수학원의 장수생들에게서 그런 양상을 많이 볼 수 있다. 실패와 유혹에 계속해서 넘어가고 반복되다 보니 나중에는 계획을 짜고 다짐하면서도 스스로 또 실패할 것 같다는 불안한 느낌, 돌파구가 보이지 않는 느낌을 받게 된다. 실패가 반복되고 있다는 것은 본인 스스로 안다. 그리고 그 실패와 다짐의 반복이 계속되었다면, 더 이상 희망고문하지 말고 혁신적으로 바꿀 마음의 준비를 해야 한다. '과거의 실패는 놓아두고 내가 바꿔야 할 것들에 대해 혁신적으로 바꾸겠다'라는 마음가짐이 시작이다.

'고작 하루이틀'이라는 생각이 위험한 이유

컨설팅을 할 때, 나는 수험생들에게 자신만의 휴식 방법에 대해 묻는다. 취미를 묻기도 하고, 쉴 때 무엇을 하면서 쉬는 것이 가장 좋은지도 물어본다. 그리고 처음에는 그게 무엇이 됐든 단번에 끊으라고 말하지는 않는 편이다. 생각보다 자신을 잘 통제하는 사람도 있고, 자신만의 휴식 방법으로 잘 쉰다면 그게 무엇이 됐든 그 사람에겐 잘 맞는 학습 방법일 수 있기 때문이다. 그래서 처음에는 원칙을 세우고 지키는 선에서 절제를 하라고 이야기한다. 그러나 원칙에 벗어나는 경우가 생기거나 혹은 이후의 생활이나 공부 과정에 영향을 준다면 그건 끊게 한다. 원칙을 구체적으로 세워놓고, 그걸 지켰는지 여부에 기반한 의사결정을 해야 한다.

365일 중에 며칠 정도 문제가 생긴다고 해서 그 사람이 공부해왔던 걸 까먹거나, 공부하는 데 치명적인 문제가 생기진 않을 것이다. 하지만 스스로 조절하고 있지 못한다는 느낌은 수험생활을 제대로 집중해서 보내고 있지 못한다는 불안감을 만든다. 그리고 실제 중간중간 잘 안 풀리거나 모의고사 점수가 좋지 않게 된다면, 마치 자신이 잘못했던 것들 때문에 벌을 받은 것처럼 생각하게 된다. 고작 하루이틀이 문제가 아니라, 스스로 통제하고 있지 못한다는 생각이 수험생활을 망칠 수 있기에 끊어야 할 것은 끊어야 하는 것이다.

막상 끊으면 별것 아니다

삼수 때 나는 핸드폰을 없앴고, 친구들과의 연락도 굳이 하지 않았다. 또한 게임 아이디를 삭제했다. 이전까지 합리화해왔던 것을 끊었다. 그리했더니 많은 것이 달라졌다.

처음에는 당연히 힘들고 불편하지만, 불필요한 것들을 잘라내면 스스로 목표에 몰입하고 있다는 느낌을 받게 된다. 그리고 스스로를 관리하고 있다는 느낌은 긍정적인 선순환을 가져오고 무엇보다 내적 자신감을 갖게 만든다. 스스로가 매 순간 목표에 걸맞게 행동하고 있다는 걸 느끼는 것이 중요하다. 그리고 이전에는 절대 끊을 수 없다고 생각했던 것들을 막상 끊고 조금만 익숙해지면 별것이 아니라는 것을 금방 느끼게 된다. 수험생에게 중요한 것은 목표니까 말이다. 목표에 집중하고 나아가고 있다는 느낌을 받는 것만큼 기쁜 일은 없다.

나는 이미 정답을 알고 있다

줄여야 하는 것과 끊어야 하는 것의 기준에 있어서 내가 수험생들에게 자주 하는 두 가지 조언이 있다. 첫 번째는 내가 쉬는 순간에도 누군가는 공부를 하고 있다는 것이다. 끊어야 할지 말아야 할지에 정답은 없다. 그러나 항상 잊지 말자. 간절한 누군가는 지금 내가 쉬고 있는 동안에도 자신의 목표를 향해 나아가고 있다는 것을 말이다. 그것을 잊지 않으면, 쉬는 것이 마음 편하지 않을지도 모르겠다. 그러나 정말 필요한 휴식, 도움이 되는 휴식의 기준을 찾아야 한다. '휴식을 취하는 것이 공부에 더 도움이 된다'라고 생각될 수 있게 휴식의 기준을 만들어가는 것이다.

두 번째는 이미 답을 스스로 알고 있다는 것이다. 종교에 귀의하는 사람들은 누가 보고 있지 않더라도 스스로 떳떳할 수 있도록 마음과 행동을 다해야 한다고 한다. 수험생도 마찬가지다. 스스로 '수험생활을 제대로 보내고 있다'라는 마음이 들어야 한다. 이는 누군가에게 보여지는 것이 아니라, 온전히 자신만이 아는 것이다. 우리는 이미 대부분 무엇을 해야 하고, 무엇을 하지 말아야 하는지 그 답을 알고 있다. 냉정하게 스스로 생각했을 때 후회할 행동이라면 끊어내자. 그리하지 않는다면 마음의 불안이 결국 자신의 자신감을 갉아먹게 된다. 목표를 명확하게 하고 그 목표를 짊어질 수 있는 사람처럼 행동하고 결단하자.

얼마나 쉬는 것이 좋을까?

공부량과 휴식에 정답은 없다

"얼마나 공부했어요?" 내가 서울대학교에 입학한 이후에 가장 많이 받았던 질문인다. 잠은 얼마나 잤는지, 쉴 때는 어느 정도의 주기로 쉬었는지, 무엇을 하며 휴식을 취했는지 등의 질문도 정말 많이 받았다. 수험생 커뮤니티만 보더라도 가끔 좋은 결과를 얻은 선배들이 "질문 받아요"라고 글을 올리면 이런 질문을 정말 많이 받는다.

나는 수험생활과 학습 방법에 대한 칼럼을 쓸 때 "정답은 없다"라는 표현을 자주 쓴다. 명확한 답을 기대하는 수험생들의 심리는 백 번 이해하지만, 나의 방식이 누군가에겐 맞을 수도, 맞지 않을 수도 있다. 따라서 쉽게 "내가 맞아"라는 뉘앙스를 전하는 것이 조심스럽다. 특히나 공부량과 휴식에 대해서는 개개인의 현재 실력과 성향에 따라 다른 기준이 필요하다. 내게 도움을 주었던 방식에 대해 개인적인 견해를 제시하겠지만 꼭 그것을 맹목적으로 따를 필요는 없고 부분적으로 자신에게 맞는 방식을 취사선택하면 된다.

휴식의 기준, '피트 스톱'

얼마나 쉬어야 하는지 결정하는 것은 쉽지 않은 일이다. 쉬면서도 '너무 많이 쉬고 있는 것이 아닐까?' 하는 생각이 들기 쉽고, 반대로 너무 답답해서 어떻게 해서든 쉬어야 하는 이유를 찾고 합리화하고 싶을 수도 있다. 정해진 수험생활 기간 동안 우리가 해야 하는 일은 딱 한 가지, 좋은 결과를 얻는 것이다. 그렇기 때문에 올바른 휴식이란 '목표에 도달하는 과정에서 도움을 주는 휴식'이어야 한다.

예컨대 수험생은 F1 자동차 경주에 나간 고성능 스포츠카와 같다. 흥미로운 것은 경기 내내 자동차가 달리기만 하지 않고 경기 중간에 차 정비 구역인 '피트(pit)'라는 곳에 멈춰 차 부품을 이것저것 교체해서 다시 경주에 참가한다는 점이다. 그런데 그 교체 속도가 정말 경이로울 정도다. 이렇게 멈추는 피트 스톱(pit stop) 때 전문 피트 크루(pit crew)가 얼마나 빠르고 정확하게 정비를 하느냐가 대회에 정말 중요한 역할을 한다고 한다.

수험생도 이와 마찬가지다. 휴식은 수험생활 레이스에서 정말 중요한 역할을 한다. 그러나 내가 휴식을 하는 순간에 나와 경주하고 있는 다른 수험생들은 고성능 스포츠카처럼 달려가고 있다. 단지 내 주변에 안 보일 뿐이다. 물론 매번 이렇게 생각하면 쉴 때마다 마음이 불편할 수 있다. 하지만 휴식에 대한 명확한 기준이 세워진다면 쉴 때 쉬고, 할 때 한다는 느낌으로 수험생활에 임할 수 있다. 분명한 것은 휴식은 그냥 노는 시간이 아니라, 목표에 도움이 될 수 있는 시간이어야 한다는 것이다. 피트에 멈춰 정비를 하는 이유가 멈추더라도 더 추진력을 얻기 위함인 것처럼 말이다.

슬럼프, 번아웃에 빠지지 않기

수험생들이 많이 걱정하는 것 중 하나가 '슬럼프'와 '번아웃'이다. 슬럼프와 번아웃에 대해서는 두 가지 방향으로 관점을 바꾸도록 하자.

첫째, 최악의 상태가 되기 전에 개선하자. 슬럼프나 번아웃 모두 하루아침에 찾아오지 않기에 미리 나의 상태를 체크해보자. 최악의 상태가 된 이후에는 다시 제자리로 돌아오는 것이 더욱 힘들 것이다. 그러니 애초에 그런 상태가 되기 전에 신체적으로는 휴식을 자주 취하고, 정신적으로는 쌓여가는 문제를 발견하고 개선해가자. '그저 열심히만 하면 된다'라는 마음으로 나의 상태를 들여다보지 않으면, 마치 연식이 오래된 자동차처럼 정말 힘겹게 나가지만 효율성은 바닥에 가까운 상태가 될지도 모른다. 최악의 상태가 되기 전에 나의 상태를 매일매일 체크해보자. '그냥 하다 보면 되겠지'라는 생각에 스스로를 방치하지 말자.

둘째, 스스로를 부정적으로 규정하지 말자. 사람의 정신은 강한 힘을 갖고 있다. 부정적인 생각은 실제로 부정적인 상태를 초래한다. 걱정만 없어져도 신체가 건강해진다는 것처럼 스스로 슬럼프나 번아웃이라고 규정해버리면 그것은 현실이 된다. 슬럼프나 번아웃이 크게 없었다는 사람들 중에 시련이 없었던 사람은 없다. 단지 그것을 심각하게 슬럼프나 번아웃으로 규정하면 심각해지는 것이고, 넘어갈 수 있는 잠깐의 시련이라고 보면 넘어갈 수 있는 것이다. 많은 것들이 마음먹기에 따라 달라진다.

나만의 해피 포인트

아무리 목표에 몰입하는 삶을 살아야 한다 하더라도 모든 유혹을 뿌리친다는 것은 말처럼 쉬운 일이 아니다. 공부하는 기계처럼 생활을 할 수 있다면 모르지만 사람에게 생기, 에너지 등이 사라져버리면 생각도 긍정적으로 유지하기가 쉽지 않다. 그래서 나는 나만의 해피 포인트를 만들었다. 하루 중 일정 시간을 나를 위한 시간으로 만들고자 했다. 그것이 꼭 PC방을 가거나 뭔가 눈에 띄는 걸 하는 휴식은 아니었다. 소소한 휴식이지만 나의 전환을 위한 시간을 마련하려고 했다.

예를 들어, 나는 운동을 좋아했기 때문에 매일 저녁 시간은 가볍게 먹고 운동을 하는 것으로 전환을 하기도 했고, 집에 오는 버스에서는 잠깐 공부를 내려놓고 내가 보고 싶었던 스포츠 하이라이트 등을 챙겨 보았다. 별것 아닌 일이지만 나 스스로 전환이라 느낄 수 있는 것들을 하루의 보상처럼 주는 것도 좋은 방법 중 하나라고 생각했다. 그것이 내가 목표에 집중하는 데 방해가 되지 않는 선에서 말이다.

주말에는 변칙적으로 공부하고 휴식하라

비슷한 맥락으로 평일은 규칙적으로 같은 일과를 보냈다면, 주말은 공부에 있어서도 전환을 주었다. 주말엔 집중이 잘되지 않는 편이라 강의를 듣거나, 한 주에 부족했던 것이나 내가 하고 싶은 공부를 하면서 변칙을 주었다. 일주일간 같은 일과를 보내는 과정에서 지친다는 느낌을 받았기 때문에 만든 전략이었다. 각자 몰입할 수 있는 방식이 있다면 그게 정답이다. 토요일 저녁에는 친구들과 운동을 했고, 일요일 오전에는 부족했던 잠을 보충하기도 했다. 그러한 휴식이 수험생활의 효율성을 오히려 높여준다는 느낌을 주었기에 나에겐 유용했다.

휴식 시간을 극단적으로 줄이고, 수면을 줄이며, 슬럼프나 번아웃 상태에서 공부를 하면 당연히 효율성이 좋을 수가 없다. 하지만 때로는 '힘들게 하고 있다'라는 느낌이 '나는 노력하고 있어'라는 착각을 만들곤 한다. 물론 수험생활은 쉬운 길이 아니다. 자신의 목표에 온 마음을 다하는 과정에서 지치고 힘들 것이다. 하지만 그럼에도 불구하고 적절히 휴식을 취하면서 최대한 휴식과 속도 사이에서 균형을 찾으려고 해야 한다. 더 나은 레이스를 위해서 말이다.

강박과 불안을 극복하는 방법

전제 조건은 선택에 최선을 다하는 것

인생은 선택의 연속이다. 그리고 지금의 내 모습은 누적된 선택들의 결과물이다. 어쩌면 현재의 본인 모습이 불만족스럽거나 부족해 보이거나, 목표에 비해 초라해 보일 수 있다. 하지만 이미 지나간 선택은 돌이킬 수 없다. 오늘부터, 지금부터 마주하는 선택에 있어 후회를 남기지 않는 것이 우리가 할 수 있는 유일한 것이다. 다양한 진로 중 수험생의 길을 택한 순간부터, 어떤 강의와 교재를 선택할 것인지, 우선순위는 어떻게 정할 것인지 등 많은 부분을 스스로 선택을 해야 한다.

선택은 갈림길에서 방향을 결정짓는 것과 같다. 방향을 제대로 잡지 않는다면 시간은 시간대로 쓰고, 다른 선택지로 바꾸게 되거나, 남들보다 돌아갈 수도 있다. 선택에는 언제나 기회비용이 따른다. 문제는 선택에 따른 결과를 예측할 수가 없다는 것이다. 그래서 누구나 선택은 신중해야 한다는 것을 알지만 불확실성으로 인해 선택한 이후에도 불안해하고, 결과가 빨리 나오길 바라며 조급해지기 마련이다. 선택을 했다면 그 선택에 온전히 집중해야 하고, 노력해야 하며, 결과가 나오기까지 어느 정도의 시간이 필요한 법이다. 그러나 선택에 대한 의심과 불안이 지나치게 크다면, 집중하지 못하고 결과에 대해 조급해지기 마련이다. 언제나 완벽한 선택을 할 수는 없지만, 적어도 그 당시에는 최선의 선택을 하기 위해 노력해야 할 것이다.

수험생들 중에는 자주 학원이나 강의를 바꾸는 수험생들이 있다. 물론 선택을 했더라도 기대와 다르다면 과감히 바꿀 수도 있어야 한다. 문제가 더 커지기 전에 과감하게 바꾸어 기회비용을 줄이는 것이 더 현명한 선택이니까 말이다. 하지만 이와 달리 제대로 해보지도 않고 판단을 하고 선택지를 바꾸는 수험생들이 있다. 어떤 선택이든 결과가 나오기까진 시간이 필요한 법인데, 결과에 대한 조급함이 기다림의 시간을 버티기 힘들게 만든다.

그렇다면 선택에 대한 평가는 어느 정도 노력해보고 판단해야 하는 것일까? 이에 절대적인 기준이 존재하진 않는다. 하지만 분명한 것은 우선 선택을 했다면 그 선택에 몰입을 해서 나갈 수 있어야 한다는 것이다. 많은 수험생들이 선택을 해놓고도 의심하고 걱정하느라 자신의 선택에 충분히 몰입하거나 노력을 투입하지 못한다. 판단에 앞서 전제 조건은 선택에 최선을 다하는 것이 아닐까? 그것이 전제되어야 선택을 바꿀 것인지, 그대로 나갈 것인지에 대한 판단도 가능할 것이다.

완벽한 선택은 없다

누구도 실패하길 원하지 않는다. 그렇기에 선택을 하기 전 많은 정보들을 찾아보고, 신중히 따져보는 것은 반드시 필요하다. 이처럼 완벽한 선택을 지향하는 것은 수험생이라면 당연한 태도다. 하지만 완벽한 선택은 없으며 보통 어떤 선택지든 장점과 단점이 존재하기 마련이다. 또한 미래를 완벽하게 예측할 수 없기 때문에 불안함이 아예 없을 수는 없다.

완벽한 선택에 대한 강박이 커질수록 선택을 미루게 되거나, 선택을 해놓고도 불안으로 인해 선택하지 않은 것에 자꾸 기웃거리게 되고, 정작 해야 하는 것에 집중하지 못한다. 좋은 선택을 해놓고도 걱정하다가 그 기회를 날리는 수험생들이 많다. 완벽한 선택을 지향하는 것은 좋다. 하지만 완벽한 선택에 집착하다보면, 모든 선택이 불완전해 보이기만 할 것이다. 완벽한 선택에 집착하기보다 선택의 순간에 더 나은 선택을 하는 것이 우리가 할 수 있는 최선책일 것이다.

선택은 신중하게, 선택했다면 몰입하기

선택의 기준은 사람마다 다를 수 있다. 누군가는 일타강사의 수업을 듣는 것이 중요할 수 있고, 누군가는 난이도에 맞는 것을 좋아할 수도 있다. 또한 체계적인 판서를 해주는 강사를 좋아하는 사람도 있고, 판서는 부족하더라도 재밌게 전달하는 강사를 좋아하는 사람이 있을 것이다. 정답은 없다. 아무리 유명한 일타강사라도 나에게 맞지 않으면 의미가 없는 법이다. 그렇다면 일타강사를 택하는 선택 자체가 잘못된 것일까? 그렇진 않을 것이다. 가장 많은 수험생들이 좋은 성적을 거둘 수 있게 만드는 일타강사 자체가 나쁜 선택지라고 말하긴 어렵다.

결국 중요한 것은 타인의 이야기를 참고는 하되, 나의 기준에서 적합한 선택지를 최우선으로 두는 것이다. 그렇기 때문에 자신이 택할 수 있는 선택지 내에서 객관적으로 장점과 단점을 확인해보고, 그중 나에게 최우선으로 중요한 것을 택하거나, 최악인 것을 피하도록 하자. 완벽한 선택지를 고민하는 것에는 답을 내리기 어렵지만, 자신의 명확한 기준에 따라 선택지 간의 우위를 판단하는 것은 크게 어렵지 않다.

이처럼 자신의 기준에서 더 나아 보이는 것을 신중하게 택했다면, 그다음부터는 내가 선택한 것만 바라보고 나가자. 어차피 선택하지 않은 것을 본다 한들 내가 할 수 있는 것은 없고, 다시 되돌아가더라도 나는 같은 선택을 할 것이지 않은가? 선택은 신중하게 하되, 선택했다면 뒤도 돌아보지 말고 나아가도록 하자.

평가를 할 때 주의할 점

"선택했다면 뒤도 돌아보지 말고 나아가라" 하는 말을 했지만, 선택만큼 중요한 것이 선택지에 대한 평가다. 선택의 순간에 최선의 선택을 했다 하더라도 방향의 전환이 필요한지, 제대로 가고 있는지를 봐야 하니까 말이다. 앞서 이야기한 것처럼 뭐든 어느 정도는 해봐야 평가도 가능한 법이다. 실행이 있어야 평가할 자격도 생긴다는 사실을 잊지 말자.

적어도 단어장 1회독은 해봐야 자신의 영어 단어 방법론에 대한 분석도 가능하지 않을까? 그래서 선택을 했다면 자기 나름의 1차 목적지를 정해놓는 것이 좋다. 그래야 목표한 것까지는 일단 갈 수 있다. 영어 단어 공부법을 보았다면, 그대로 1회독은 해보는 것이다. 그 과정에서 '이게 맞나?' 하는 생각이 수없이 들겠지만, 일단 정한 것만큼은 해보고 생각을 하자. 1차 목적지까지 조금 더 좋은 방법론으로 하지 않았다고 해서 공부에 심각한 문제가 생기지는 않는다. 방법론보다 더 큰 문제는 걱정으로 인한 실행력 부족이라는 것을 잊지 말자. 신중하게 선택했다면, 1차 목적지를 정하고 그때까진 무데뽀 정신으로 실행해보자. 그래야 평가할 자격도 생기는 법이다.

최선의 선택을 이어가자

앞서 언급했듯이 장기 계획으로 인해 너무 스트레스를 받지 않도록 하자. 계획에 대한 걱정으로 지치지 말자. 우리가 해야 하는 것은 최선의 선택을 하고, 하나의 단계가 끝나면 그때의 내 위치에서 또 최선의 선택을 하는 것이다.

"지금 네가 5등급이면 지금 세우는 계획은 5등급 때 보이는 계획이야. 네가 지금 하는 것에 집중해서 3등급이 되면 지금은 필요하다고 보이는 것 중에 어떤 부분은 필요 없어질 수도 있고, 그때 가서 필요하다고 생각하는 것이 달라질 수도 있어. 그러니 완벽한 계획에 대한 걱정으로 지금을 망치지 마. 어차피 네가 할 수 있는 건 지금 주어진 선택에서 최선의 선택을 하고 그것에 집중하는 것뿐이야."

앞으로 할 것에 대한 걱정으로 지금을 충실하게 보내지 못하는 수험생들에게 내가 자주 해주던 말이다. 완벽한 선택은 없다. 좋은 선택이었는지도 일단 가봐야 안다. 우리가 할 수 있는 것은 주어진 순간에 신중하게 나의 기준에서 더 낫다고 생각되는 선택을 하는 것이다. 선택을 했다면 의심할 시간에 선택한 것에 더 몰입하도록 하자. 어차피 걱정한다고 다른 선택을 할 것도 아니라면 걱정할 시간에 주어진 것에 오롯이 집중해보자. 그렇게 단계 하나를 끝내면 그다음 좋은 선택을 이어가면 그만이다. 걱정으로 인해 현재를 허투루 보내지 말자.

'3일·7일의 법칙'을 기억하자

아침형 인간이 되고 싶은데 잘 안 된다면?

컨설팅을 할 때 내가 "여러분은 아침형 인간인가요, 아니면 저녁형 인간인가요?" 하고 물으면 대부분의 수험생들은 스스로를 저녁형 인간이라 대답을 하는 편이었다. 아마 이 글을 읽고 있는 독자들 중에도 '나는 저녁형이지 않을까?' 하는 사람들이 많을 것이다. 일반적으로 아침에 일찍 일어나는 것이 쉽지 않고 그런 상태에서 무언가를 했을 때 온전히 집중한다는 것은 더더욱 어려운 일이기 때문이다.

우리는 보통 아침에 일찍 일어나고 규칙적으로 생활하는 것을 성실하다고 생각하고, 긍정적으로 인식한다. 물론 아침형 인간이 꼭 좋은 것인지에 대해서도 이견이 존재하지만, 나는 "적어도 수험생이라면 아침형 인간이 되어야 합니다"라고 말한다. 시험은 대부분 아침에 시작하기 때문에 본인이 아침형이든, 저녁형이든 아침 시간에 최대한의 퍼포먼스를 이끌어낼 수 있도록 노력해야 하는 것이다.

그런데 문제는 그 변화가 쉽지 않다는 것이다. 한 번쯤 아침에 일찍 일어나서 공부를 하려는 노력을 해본 적이 있다면 공감할 것이다. 나 역시 아침 일찍 일어나서 공부할 것을 전제로 계획을 잔뜩 세워놨는데, 늦잠을 자버려서 하루의 시작을 망친 적도 있다. 아침에 기껏 일찍 일어났는데, 꾸벅꾸벅 졸다가 자느니만 못했다고 후회하기도 했다.

이처럼 아침에 일어나는 것 자체를 실패하거나, 아침에 일어났더라도 공부가 제대로 안돼서 결국 '나는 아침형 인간이 아니야' 하고 체념한다. 그러고 나서 저녁 늦게까지 공부하고 낮에는 피곤에 지쳐 있는 악순환에 빠지게 된다. 우리는 늘 해오던 것으로부터 변화를 취했을 때, 그 변화에 거부 반응을 일으키기 마련이다. 그런데 우리는 이러한 자연스러운 거부 반응을 보며 성급하게 변화를 포기하고 원래의 방식으로 회귀하곤 한다. 고작 하루이틀 해보고 아침형 인간이 아니라고 단정하는 것처럼 말이다. 하지만 이러한 거부 반응을 변화의 과정에서 겪게 되는 당연한 과정 중 일부로 인지하고 변화를 대하는 태도를 달리한다면 내가 원하는 모습으로 하나씩 바꿔나갈 수 있을 것이다.

목표한 변화를 이뤄내는 경험의 중요성

할 엘로드(Hal Elrod)의 《미라클 모닝》(김현수 역, 한빛비즈, 2016)은 전 세계적으로 유명한 책이다. 이 책을 읽어보지 않았더라도 '미라클 모닝'이라는 단어는 한 번쯤 들어봤을 것이다. 인스타그램의 한글 해시태그만 90만 개 이상에 달할 만큼 많은 사람들이 관심을 갖는 주제이기도 하다. 책 《미라클 모닝》에서는 단순히 아침에 일찍 일어나는 것이 중요하단 이야기를 하는 것이 아니다. 아침형 인간이 되기 위해서 어떻게 목표를 설정하는 것이 좋은지, 어떤 마음가짐으로 임하는지 등 구체적인 지침을 담고 있다. 이 책이 더 의미 있다고 생각하는 이유는, 단순히 아침에 일어나는 습관뿐만 아니라 어떤 습관이든 자신의 것으로 만드는 힘을 기를 수 있게 하기 때문이다. 기존의 방식에 변화를 주고, 새로운 습관을 갖는 법을 배운다는 것은 엄청난 힘을 갖게 되는 것이다. 내가 원하는 나의 모습을 내 의지대로 만들어갈 수 있다는 것이다.

수험생이라면 목표한 변화를 이뤄내는 경험을 꼭 해보길 바란다. 목표한 습관을 만들어가는 과정에서 당연히 진통을 겪게 된다. 다른 습관을 만들어갈 때도 진통은 언제나 있을 것이다. 진통이 있을 것을 미리 인지하고 마주하면 견딜 수 있는 힘이 생긴다. "이 또한 지나가리라"라는 말처럼 결국 그 진통도 지나가고 편안해질 것이라는 믿음으로 버틸 수 있게 된다.

목표한 변화를 이뤄낸다는 것이 말처럼 쉬운 일은 아니다. 실행력을 높이는 데 도움을 주는 수많은 콘텐츠들이 있지만 수험생들이 스스로 적용해본다는 것은 여간 어려운 일이 아니다. 그래서 직접 코칭을 하면서 수험생들의 변화를 이끌어냈던 전략을 제시하고자 한다.

모든 변화는 불편한 법이다. 우리의 행동양식을 바꾸는 과정에서 처음에는 그 변화 자체에 거부 반응을 일으키기 쉽다는 것이다. 그렇기 때문에 처음에는 뭔가 잘 안되는 느낌이 드는 것이 일반적이다. 내일 당장 아침에 일찍 일어나서 공부를 해보도록 하자. 아마 일어나는 것에 실패할 수도 있고, 일어났다 하더라도 공부가 눈에 잘 들어오지 않을 수도 있다. 그런데 이때 많은 수험생들이 겪게 되는 실수는 너무 섣부르게 "나에게 맞지 않는 방식이야" 하고 단정짓는 것이다. 우리 몸이 적응할 시간을 주지도 않고 판단을 내리니 변화가 쉽지 않은 것이다. 마치 공부를 전혀 안 하던 학생이 공부를 열심히 하기로 마음먹고 시작했는데, 잘 안 풀린다고 화내는 것과 같다.

우리 몸이 적응을 할 수 있는 시간을 기다려주자. 반드시 전제되어야 하는 것은 '실행'이다. 정리하면, 처음에는 '잘하는 것'을 목표로 두기보다 '실행'에 더 초점을 두는 것이 좋다. 처음부터 잘해야 한다는 생각에 지배될 경우, 오히려 실행을 하는 것 자체가 힘들 수 있다. 그렇게 실행력이 떨어지게 된다면 적응을 할 수도 없기 때문에 악순환이 반복된다. 실행을 해야 발전도 있는 법 아닌가.

그간 해오지 않던 패턴으로 변화를 한다는 것 자체에 이미 우리는 많은 힘을 쓰게 된다. 우리가 갖고 있는 에너지가 100이라면, 처음에는 아침에 일찍 일어나는 것 자체에 90의 에너지를 쓸 수도 있다. 당연히 앉아서 공부가 잘될 리가 없다. 그러나 그 행위가 반복된다면, 90을 써야 했던 에너지가 점차 줄어들 것이다. 일어나는 것이 조금씩 덜 힘들어지면 그때서야 조금씩 글자가 눈에 들어올 것이다.

수험생들에게 자주 하는 말이 "자도 괜찮으니 책상에 앉은 다음에 자라" 하는 말이다. 자라고 부추기는 이야기는 아니다. 그만큼 실행력이 중요하다는 것이다. 우리가 '구체적'으로 목표를 세우고 그것을 반복한다면 우리 몸은 생각보다 금방 적응한다. 단, 이때 구체적으로 정한 목표를 철저하게 지키는 것이 좋다. 예컨대 내가 7시에 일어나기로 했다면 몇 분 늦는 것이 아니라 정각 7시에 일어나는 것이 좋다. 그렇게 인지한 목표를 꾸준히 한다면 매일 달라져가는 나를 확인하는 것도 쉬워진다.

'3일·7일의 법칙'으로

작심삼일(作心三日)은 관점에 따라 다르게 볼 수 있다. 대개 의지 부족을 이야기할 때 사용되는 말이지만, 난 반대로 "3일은 마음 먹으면 버틸 수 있다"라는 관점으로 본다. 우리는 보통 의지가 약하다. 따라서 의지는 보통 '습관'으로 지속된다. 나도 헬스장에 다닐 때를 생각해보면, 의지만으로는 작심삼일로 끝날 것 같았다. 그런데 그때를 넘겨야 한다는 것을 알기에 그 이후에는 가기 싫어도, 가서 10분이라도 '실행'에 집중을 했다. 그랬더니 다시 집중하게 되는 때가 왔다. 그렇게 일정 기간이 넘어가면 이후부터는 매일 다닌다는 것을 깨버리는 것이 싫어서라도 다니게 됐던 경험이 있다.

이러한 경험이 모든 변화에도 비슷하게 적용된다고 본다. 내가 수험생들에게 강조하는 것이 '3일·7일의 법칙'이다. 보통 수험생들을 보면 3일 정도는 의지로 버틴다. 그런데 이때 고비가 찾아오는데 그것을 극복하기 위해 필요한 것은 '실행'이다. 잘하지 못한 자신을 탓하고 있기보다 행동한 자신을 칭찬해줘라. 그렇게 7일만 버티면 생각보다 이후부터는 변화에 적응하게 된다. 그 원칙만 잘 지키더라도 원하는 변화를 이뤄낼 수 있을 것이다. 세상 모든 변화는 불편하기 마련이다. 일단 당장 아침형 인간부터 되어보자. 그 과정에서 변화의 방정식을 몸소 느낀다면 원하는 변화는 무엇이든 이뤄낼 수 있을 것이다.

양날의 검,
완벽주의

반드시 변화할 수 있다는 믿음

수험생 커뮤니티에서 가장 많이 상담했던 주제 중 하나가 바로 '완벽주의'다. 완벽주의의 사전적 정의는 '결함이 없이 완전함을 추구하려는 태도, 자기 자신의 수행 기준을 매우 높이 잡는 경향'이다(국립국어원 참조). 물론 나는 의사가 아니기에 그러한 문제를 심각하게 겪고 있는 수험생들을 치료할 수는 없다. 일상에서도 문제가 될 정도라면 우선 병원을 가보는 것이 맞겠지만 대부분은 일상에선 크게 문제가 없고 유독 수험생활 속에서만 문제가 있는 경우다. 결국 수험생활이라는 특수한 상황이 야기한 문제이기에 생각을 바꿔주면 충분히 해결 가능한 부분이 된다.

지금은 국어 과목에 대한 여러 강의를 하고 있는 나조차도 재수할 때 '내게 난독증이 있는 것이 아닌가?' 하는 생각을 진지하게 해본 적이 있다. 그러나 만화책이나 기사를 볼 때는 전혀 문제가 없어서 선천적인 문제는 아니라 여기고 극복하기 위해 노력할 수 있었다.

마찬가지로 수험생활을 보내다 보면 자신에게 어떤 문제가 있다고 생각하게 되기 쉽다. 평상시에도 문제가 된다면 모르겠지만, 수험생활과 관련한 내용만 문제가 되는 거라면, '그것을 야기한 원인이 있고, 해결할 수 있어' 하고 생각하는 것이 중요하다. 반복되는 실패로 답답함이 큰 수험생들이 많기 때문에 바뀔 수 있다는 자기 암시를 강하게 갖는 것이 중요하다. 문제라 생각하면 문제가 되고, 해결할 수 있다 생각하면 해결이 된다.

실행력과 지속력을 떨어뜨리는 완벽주의

결론부터 이야기하면 공부를 잘하는 사람치고 완벽주의적인 성향이 없는 사람은 없을 것이다. 좋은 결과를 얻기 위해서는 실수를 하지 않아야 하기 때문에 그만큼 꼼꼼해질 수밖에 없고, 완벽함을 지향할 수밖에 없는 것이다. 천성이 그렇지 않아 일상에서 덤벙거리더라도 적어도 공부에 있어서만큼은 완벽주의적인 성향을 점차적으로 갖춰갈 수밖에 없는 것이다.

그러나 마치 양날의 검처럼 완벽주의 성향이 때론 독이 되기도 한다. 이는 수험생에게서만 나타나는 문제가 아니라, '실행력'을 갖춰야 하는 모든 분야에서 나타날 수 있는 문제다. 실행력에 대한 메시지를 다루는 많은 콘텐츠들에서 "완벽주의가 오히려 실행력을 떨어뜨린다" 하고 말한다. '완벽한 상태가 되면 그때 하겠다'라는 마음에 정작 실행 단계까지 가질 못한다는 것이다. 일을 끝까지 미루다 더 이상 미루기 어려울 때 실행을 하는 것이다.

'지속력' 또한 떨어질 수 있다. 변화는 하루아침에 이루어지는 것이 아니다. 그런데 지나치게 높이 설정된 '완벽함'이라는 허상으로 인해 하루이틀 노력하는 것은 아무것도 아닌 것처럼 느껴지기 쉽다. 그래서 많은 수험생들이 며칠 해보고 너무나도 쉽게 새로운 방법론에 현혹되거나, 게임에서 '리셋'을 하듯 처음부터 다시 시작하기만 한다. 늘 시작 단계에만 머물게 되는 악순환에 빠지는 것이다. 문제는 그런 자신의 모습이 문제라는 것 또한 스스로 인지하고 있고 그로 인해 고통받는다는 사실이다. 제3자가 보기엔 그저 게을러 보이고 노력하지 않는 것처럼 보이지만, 본인 스스로는 노력하고 있다며 현실을 합리화한다.

완벽주의 자체가 문제가 아니다. '완벽함'은 객관적으로 존재하는 상태가 아니며, 우리의 머릿속에서 만들어낸, 스스로도 어떤 상태인지 모르는 상태다. 완벽함이 어떤 상태인지 모르는 상황에서 그것을 쫓는다면 늘 스스로 부족하다고 느낄 수밖에 없다. 물론 부족함을 느끼고 더 노력하는 방향으로 나아간다면 좋지만,

많은 수험생들이 그 단계에서 부정적인 감정에 사로잡히거나, 단번에 바뀔 수 있는 혁신적인 방법론만 쫓게 되어 문제가 된다.

완벽함은 지향점이다

완벽주의로 인해 고통받는 수험생들에게 나는 이런 조언을 해준다. "완벽함은 이상과 같아. 완전한 상태이지만 닿기가 어려운 상태지. 완벽함에 닿기 위해 부단히 노력을 할 뿐, 당장 닿지 않는다고 스스로를 문제라 규정해선 안 돼."

가장 중요한 것은 지나치게 높은 기준치로 인해 작은 노력을 가볍게 생각하지 않는 것이다. 그것이 실행력을 가로막고, 부정적인 감정에 사로잡히게 만들어 몰입을 방해한다. 수험생활에서 좋은 결과를 얻기 위해선 모든 면에서 목표에 몰입하고 부족한 점을 지워가며 완벽함을 지향해갈 수밖에 없다. 생활에서 흐트러지면 절대적인 노력의 투입이 줄어들 수밖에 없고, 지식에 있어서 하나라도 실수한다면 좋은 결과를 기대할 수 없다. 다른 분야는 몰라도 적어도 수험생들은 완벽함을 지향해가야 한다. 그렇기에 완벽함을 바라보는 관점을 제대로 잡고 나아갈 수 있어야 한다. 복근을 갖고 싶다는 의지에 불탄다 하더라도 하루 아침에 10kg을 뺄 수는 없는 법이다. 하루이틀 남들보다 죽어라 운동한다고 당장 결과가 오진 않는다.

분명 노력엔 임계점이 있다. 완벽한 상태가 스스로를 조급하게 만들어서는 안 된다. 시간에 쫓기는 사람이 아니라, 시간과 함께 달릴 수 있는 사람이 되어야 한다. 어쩌면 그 이유 때문에 늦게 시작한 수험생들이 힘들 수밖에 없는지도 모르겠다. 나태하게 여유를 부리라는 것이 아니라, 변화엔 시간이 필요하기에 그 변화를 기다려줄 수 있는 여유를 가져야 한다는 것이다. 쫓기는 사람은 조급함으로 인해 혁신적인 비법에 현혹되기 쉽지만, 여유를 가진 사람은 '어떻게 하면 더 나의 목표에 가까워질 수 있을까?' 하고 생각하고 보완해나갈 수 있다.

여유가 넘치고 모든 조건이 딱 들어맞아서 하게 되는 도전은 잘 없다. 대부분의 사람들이 치열하게 노력하고, 때에 따라 주어지는 미션들을 해나가는 데 바쁠 수밖에 없다. 그럼에도 변화는 '서서히' 이루어진다. 결국 변화를 대하는 태도로서의 여유는 사람의 마음가짐에 달려 있다. 완벽주의 성향으로 인해 실행력이 부족한 수험생들을 보면 간절함이 없는 것처럼 행동하지만, 내적으로는 목표에 대한 간절함이 큰 경우가 많다. 오히려 목표에 간절하니까 그만큼 스스로의 부족한 모습이 싫은 법이다.

결론적으로 많은 자기계발서에서 작은 실행과 성취감을 강조하는 것은, 닿기 어려운 이상과 같은 완벽주의에 실행을 멈추거나 포기하지 말라는 것이다. 안 하는 것보단 작게라도 하는 것이 낫고, 작게라도 시작하는 것에서 발전이 있는 법이다. 다만 작은 실천이 중요하다고 그것에 안주해버리면 안 된다. 시간은 기다려주지 않으며, 수험생들에겐 더욱더 여유가 없다. 그런 점에서 매일 목표에 몰입하고, 문제를 고치고, 완벽함을 지향해야 한다. 완벽함은 지향하는 목표여야 한다. 다만, 부족하더라도 부정적 감정에 사로잡히기보단 자신이 잘한 것들에 대해 인정해줄 수 있어야 하고, 부족한 점을 고쳐가는 것으로 눈을 돌려야 한다. 반드시 해결할 수 있다는 믿음을 갖고, 실행에 옮겨보자.

낙관론자와 비관론자

각각의 장단점을 이해하는 것이 중요하다

상담을 하다 보면, 다양한 부류의 수험생들을 만나게 된다. 미래에 대해 낙관적인 수험생도 있는 반면 그렇지 않은 수험생도 있다. 목표를 향해 달려나가는 수험생들에게 있어 미래를 대하는 태도는 상당히 중요한 문제다.

스스로를 평가했을 때 나는 긍정적인 태도를 가진 편이며 미래를 낙관적으로 바라보는 성향이 강하다. 또한 많은 콘텐츠들에서 미래에 대한 자기 확신을 갖고 자기 암시를 하는 것의 중요성을 이야기하기 때문에 나는 나와 같은 성향을 갖고 있는 것이 성공의 방정식이라 생각해왔다. 하지만 서울대학교에 진학한 후에 공부를 잘했다는 다양한 학생들과 이야기를 나눠보고 다양한 유형의 수험생들과 소통하면서 꼭 낙관적인 태도만이 정답은 아니라는 생각을 하게 되었다.

이 책에서는 낙관론자를 '미래가 잘될 것이라고 믿는 성향을 가진 사람', 비관론자를 '미래가 좋지 않을 수도 있다고 보는 성향을 가진 사람'으로 정의하려고 한다. 다시 말해, 미래가 무조건 좋지 않을 것이라고 보는 것이 아니라, 생각했던 결과가 나오지 않을 수도 있다는 것을 염두에 두는 성향을 비관론으로 표현하려고 한다. 미래가 무조건 부정적일 것이라 생각하는 비관론자라면 노력할 이유 자체가 없기 때문이다.

나는 낙관론자로서 실패도 성공도 경험해보았다. 반대로 비관론자로서 성공을 한 친구들도 보게 되면서 각각의 장단점을 잘 이해하는 것이 중요하다는 결론을 내렸다. 나고 자라면서 갖게 된 낙관론적 성향 혹은 비관론적 성향을 바꾸는 것은 쉽지 않다. 그리고 꼭 특정 성향이 무조건 옳거나 나쁜 것도 아니다. 다만 분명히 각 성향에 따라 장점과 단점이 있는 만큼 나의 장점은 살리고, 나의 단점은 보완하려는 태도를 가져야 할 것이다.

낙관론자들에게 해주고 싶은 말

"실패에 대한 만성적인 내성이 생기지 않도록 '결과'를 만들어라." 자기계발, 동기부여 등의 콘텐츠로 구독자 100만 명 이상을 보유한 유튜브 채널 '신사임당'의 운영자들이 공동 출간한 《인생은 실전이다》(신영준·주언규 저, 상상스퀘어, 2021)라는 책을 인상 깊게 읽었다. 책의 내용에는 망하는 것과 실패하는 것은 다르다는 메시지가 나온다. 망하는 것은 결론이고, 실패하는 것은 과정이라는 뜻이다. 말장난 같기도 하지만, 망했다고 규정을 하면 끝이 나는 것이고, 실패는 과정으로서 성장의 동력이 될 수 있다는 것이다. 결국 실패를 통해 배우려는 태도를 갖고, 좌절하지 않고, 계획을 수정해서 나아가라는 의미다. 물론 이러한 메시지에도 공감하지만 오히려 "실패를 긍정적으로 바라보는 것이 실패에 대한 만성적 내성을 만들 수 있다"라는 경고의 메시지가 나에겐 더 크게 와닿았다.

긍정적인 미래를 그리는 태도는 실패를 버틸 수 있는 힘을 갖게 해준다. 실패를 하더라도 그것을 응당 견뎌내야 할 과정으로 인식하고 좌절하지 않고 나아가는 것이다. 하지만 이러한 성향이 오히려 실패를 가볍게 생각하도록 만들 수도 있다. 실패를 철저하게 돌아보고 다시는 반복하지 않도록 아파할 줄도 알아야 하는데, 알게 모르게 쉽게 넘겨버리는 것이다. '나는 언젠가 할 수 있을 거야'라는 낙관이 현재의 고통을 직면하지 않고 회피하게 만들기도 하는 법이다.

나 역시 그랬던 것 같다. 대학 입시에서 두 번의 실패를 경험했지만 실패를 대수롭지 않게 생각했던 것 같다. 그러한 성향이 다시 도전할 수 있게 하는 원동력이 되기도 했지만, 나의 실패를 철저하게 되돌아보지 않고 '그냥 또 한 번 하면 되겠지'라고 생각했던 것 같다. 두 번을 실패하고 세 번째 도전이 되어서야 다 내려놓고 나의 문제를 인정하고 직면했다.

낙관적인 성향이 나를 객관적으로 바라보지 못하게 하고 나를 실제보다 더 능력 있는 사람처럼 생각하도록 만들 수 있다. 그래서 실제 내가 노력해야 하는 것보다 덜 하고 있으면서 낙관만 하는 사람도 많다. 재수학원에서 근무하면서 많은 N수생들을 상담하면서 이러한 생각이 더욱 커졌다. 생각보다 실패에 대해 안일하게 생각하는 수험생들이 많았다.

반면에 실패를 최소화하기 위해 더 치열하게 노력하는 사람들도 많다. 특히 서울대학교에 와서 애초에 실패하지 않기 위해 더 많이 노력하는 사람들을 많이 보았다. 큰 실패를 경험하지 않고 계속해서 잘 풀리는 경우를 단순히 재능과 운으로 포장하는 사람들도 있지만 실은 그렇지 않다. 기회가 왔을 때 잡기 위해서 정말 치열하게 노력하기에 그런 결과를 얻는다는 것을 옆에서 많이 지켜볼 수 있었다.

여러 번 도전해서라도 결과를 얻고 마는 끈기도 대단하지만, 애초에 여러 번 도전하지 않게 더 철저히 준비하려는 태도를 갖춰야 하지 않을까? 낙관론자들은 실패를 잘 버틸 수 있다. 그리고 자신에 대한 믿음이 결국 결과를 만들어낼 수 있을 것이다.

하지만 실패를 안일하게 생각해서는 안 되며, 실패에 대한 만성이 생겨서도 안 된다. 도전하는 과정에서 실패가 있을 수 있지만, 그것도 최선을 다했을 때 의미가 있는 것이다. 버티고만 있다고 해서 성장한다고 착각하지 말자. 실패에 좌절하지 않는 낙관론자의 모습은 좋지만, 실패를 아프게 생각하고 다시는 반복하지 않기 위한 간절함을 갖춰야 한다.

비관론자들에게 해주고 싶은 말

비관론자로서 성공하는 사람도 있지만, 실패하는 사람도 있다. 실패할 수도 있다는 생각으로 더 치열하게 준비를 하는 사람이 있는 반면, 지레 포기를 하거나 2안, 3안을 준비하다가 정작 하나에 몰입하지 못하는 경우도 있다. 미래에 대한 걱정에 도전을 해보지도 않고 포기한다든가, 불안하다는 이유로 여러 가지를 병행하다가 정작 해야 하는 것을 못하는 것은 비단 수험생들만이 겪는 문제가 아니다. 노력의 과정도 중요하지만, 분명 결과도 중요하다.

어떤 종류의 노력들은 임계점이 필요하다. 물이 100도가 되었을 때부터 끓는 것처럼 노력도 어느 수준이 넘어갔을 때 결과로 이어질 수 있다. 물론 '어느 정도의 노력'이 필요한지에 대한 절대적이고 정량화된 기준이 없다. 그래서 우리가 할 수 있는 것은 후회 없이 최선을 다하는 것이다. 특히 수험 분야처럼 경쟁률이 높고, 간절한 사람들이 많은 영역에서 결과를 내기 위해선 정말 많은 노력이 전제되어야 하는 것이 당연할 것이다. 2안, 3안을 병행하며 준비하면 마음은 편할 수 있지만, 1안에 전념하는 사람은 그 모든 노력을 1안에 투입하고 있다는 사실을 생각해볼 필요가 있다. 실패에 대한 걱정에 지레 포기하기보단 그러한 걱정을 노력에 더 투입하는 것이 중요하다는 사실을 잊지 말자.

'지금부터, 오늘부터의 원칙'으로

변화는 작은 행동 하나에서 시작된다

"작은 성공은 또 다른 작은 성공을 불러오고, 반대로 작은 실패는 또 다른 작은 실패를 불러온다"라는 말이 있다. 전날 다짐을 하고 계획을 짜놓았는데 아침에 늦잠을 잔 경험이 한 번쯤은 있을 것이다. 늦잠을 자서 계획이 틀어졌다는 부정적인 느낌 때문에 자리에 앉아서도 계획을 수정하느라 시간을 낭비하거나 나태한 자신을 탓하며 동기부여 영상을 찾아본다. 나 또한 이런 경험을 해봤고 나뿐만 아니라 많은 사람들이 이와 비슷한 경험을 하는 것을 보았다.

재밌는 점은 이들 대부분 자신의 문제가 무엇인지 이미 알고 있다는 점이다. 이는 반대로 생각해보면 마음가짐만 바뀐다면 당장 지금부터, 오늘부터 바뀔 수 있다는 것이다. 무기력은 학습되고 습관이 된다. 긍정적 습관이든 부정적 습관이든 이미 습관이 된 것을 바꾸는 데에는 시간과 노력이 필요하다. 이 사실을 이해하고 변화를 만들어본 사람은 의지만 갖는다면 언제든 무기력의 상태에서 벗어날 수 있다.

많은 콘텐츠에서 이야기하듯 모든 변화는 작은 행동 하나에서 시작된다. 학습된 무기력 상태에서 막연히 '나의 문제를 고쳐야지'라고 생각하면 막막하다. 어떤 문제부터 어떻게 해결해야 할지 알기 어렵고, 자신이 가진 모든 문제를 명확하게 인지하는 것 또한 어렵다. 또한 내가 인지하고 있지 못한 문제들도 실행해 가면서 발견하는 경우도 많다. 정리하면, 막연한 문제 인식이 우리의 실행을 가로막지만 모든 문제를 완벽하게 인지하는 것도 어렵다는 것이다.

여기에 아주 적용하기 쉬운 나만의 원칙이 하나 있다. 수험생들에게도 늘 이야기하는 것이고 많은 수험생들의 행동 변화를 만들어낼 수 있었던 좋은 방법이기도 하다. 바로 '지금부터, 오늘부터의 원칙'이다. 언제나 우리는 선택의 순간에 놓인다. 설령 내가 모든 문제를 인지하고 있지 못하더라도 어쨌든 현재 나에겐 어떤 선택지가 놓이게 된다. 그리고 목표만 명확하다면 그 선택의 순간에 내가 어떤 행동을 해야 하는지의 정답은 대부분 명확하며 이미 본인 스스로도 알고 있다. 만약 대학 진학을 희망한다면, 대학 진학 목표에 방해되는 모든 것들을 제거해가면 된다. 무엇을 줄여나가야 할지 정리가 안 된다 하더라도 당장 닥치는 순간의 문제들에서 좋은 선택들을 이어나가면 된다.

하루의 시작은 전날의 저녁부터

완벽주의 성향이 강한 사람들이 일을 미루는 경향이 더 크다고 한다. 문제가 완전히 제거된 상태, 완벽하게 준비된 상태에서 시작하고 싶은 마음에 더 이상 미룰 수 없을 때까지 미루다가 오히려 만족스럽지 못한 결과물을 내놓는다. 나 또한 이런 성향이 강했다. 마음은 굴뚝같지만, 정작 하는 것은 쥐꼬리만큼도 안 되는 것이다. 그러면서 온갖 스트레스에 휩싸이게 되고 예민해진다.

완벽한 상태는 절대 한 번에 찾아오지 않는다. 결국 실행의 과정에선 언제나 작은 실패와 불편함이 따르는 법이다. 그러나 그 작은 실패들이 우리를 쉽게 합리화하게 만들고 내일로 미루게 만드는 주범이라는 것을 명심하자. '유혹의 순간, 마구 합리화하고 싶은 마음이 들고 있는 순간에 참지 못하면 다음 날도 참지 못한다'라는 생각으로 행동하자. 다짐한 그 순간부터, 오늘부터 뭐라도 하나를 바꾸는 것이 좋은 변화 전략이다.

수험생들에게 자주 강조하는 것 중 하나가 바로 "하루의 시작은 전날의 저녁부터"라는 말이다. 하루를 합리화한 다음 날이 제대로 되는 경우는 거의 없다. 자신에 대한 부정적인 감정이 무의식에 영향을 주어 하루가 조급해지고, 작은 실패들에 더 예민해지게 된다. 그렇기에 아무리 하루에 크고 작은 실패들이 있었다 하더라도 침대에 눕지 말고 일단 자리에 앉아 당장 해야 하는 것을 조금이라도 해보자.

"사람이 마음먹기에 따라 많은 것이 달라진다"라는 말을 몸소 느낄 수 있을 것이다. '고작' 앉아서 조금이라도 해야 하는 것을 하면 부정적인 기분이 긍정적인 자신감으로 바뀌게 된다. 실행을 통해 조금이라도 기쁜 마음으로 잠자리에 들고 변화를 '미래'에 두지 말고 '현재진행형'에 두자. 그렇게 된다면 다음 날 성공 확률이 훨씬 높아질 것이다.

목표를 가지면 즐거워진다?

나는 축구를 매우 좋아한다. 일주일에 많게는 세 번, 적어도 한 번은 하는 편이다. 평일에는 일어나는 것이 싫어 알람도 한 번에 못 들었던 내가 새벽 축구 약속이 있는 주말에는 새벽 1시에 자고도 새벽 5시 30분에 기상하곤 했다. 이런 비슷한 경험을 각자 다른 맥락에서 한 번쯤은 해봤을 것이다. 왜 어떤 때는 알람을 듣지도 못하고 어떤 때는 듣기도 전에 본능적으로 일어나게 될까? 아마도 흥미가 있는지 여부에 따른 차이일 것이다.

물론 수험생활이라는 것이 흥미롭기는 어렵다. 그래서 중요한 것이 바로 '목표'다. 목표에 몰입하는 것의 중요성을 항상 강조하는 이유는 목표가 곧 나의 행동에 기준이 되기 때문이다. 《배짱 있게 살아 갈 용기》(로버트 슐러 저·강준린 역, 북씽크, 2016)의 저자 로버트 슐러(Robert Schulier)는 "의욕적인 목표가 인생을 즐겁게 한다"라고 말하기도 했다. 목표를 가지면 즐겁지 않은 일도 즐거워질 수 있는 것이다. 공부를 하는 것 자체가 흥미롭긴 어려울 수 있다. 하지만 목표를 이루었을 때의 나의 모습을 상상한다면 그것은 설렘으로 바뀌게 된다.

유혹의 순간에 스스로에게 이렇게 말해보자. "오늘 못하는 것은 내일도 못할 것이다. 오늘 합리화하고 싶은 그 느낌은 내일도 똑같이 들 것이다. 나는 이미 정답을 알고 있다. 목표에 몰입하고, 그에 걸맞은 행동을 이어가자." 언제나 변화는 지금부터, 오늘부터 하는 것이다.

5장

결과를 이끌어내는 핵심 키워드, '몰입'

목표에 몰입해야 하는 이유

좋은 결과를 이끌어내는 핵심 요소란?

분야를 막론하고 성공한 사람들의 이야기를 듣는 것은 흥미로운 일이다. 고난과 역경을 이겨낸 그들의 스토리를 듣다 보면 가슴이 두근거리기도 하고 한편으론 대단하다는 생각마저 든다. 동기부여 콘텐츠들의 조회수가 높고 댓글이 많은 것도 이러한 이유 때문일 것이다. 그러나 몇 개의 콘텐츠만 보더라도 맥락은 조금씩 다르지만 표현하기 어려운 묘한 공통점이 있다는 것을 느낄 수 있다. '그 핵심이 되는 생각이 무엇일까?' 하는 궁금증이 항상 있었다. 특히 수험생 커뮤니티들을 통해 정말 다양한 방식으로 학생들이 좋은 결과를 거두는 것을 보면서 표면적인 방법론이 아닌, 자신의 상황에 맞는 솔루션을 찾아낼 수 있었던 이유가 무엇인지에 관심을 갖게 되었다.

수험생활에서 원했던 성과를 얻은 후에 다양한 사람들의 성공 스토리를 보면서 몇몇 부분에서 나는 '내가 이미 그러한 것들을 수험생활 속에서 스스로 찾아내고 적용하고 있었구나' 하고 느꼈다. 명상을 하는 방법, 자기 암시를 하는 방법, 자신의 문제를 찾기 위해 피드백을 활용하는 방법, 습관을 만드는 방법 등 그 당시 문제 해결을 위해 실행을 했던 것들이 지금 보니 나름대로 근거가 있는 좋은 전략들이었다.

나의 방법론이 좋다는 뜻이 아니라, 나에게 맞는 방식을 찾아내기 위해 내가 던졌던 그 물음이 무엇인지를 많이 되돌아보았다. 그리고 같은 서울대학교라는 집단의 친구들, 지도하면서 봤던 좋은 성과를 거둔 학생들의 각기 다른 방법론 속에서 나름대로 내가 찾은 이유가 대입이 되는지도 함께 생각해보았다. 내가 내린 그 답은 바로 '목표에의 몰입'이다. 진부하고 추상적인 표현일 수도 있지만 나는 이것이 핵심적인 사고라 생각한다.

많은 콘텐츠에서 몰입을 강조하는 이유가 더더욱 글을 쓰면서 공감이 간다. 진짜 몰입이 무엇인지를 경험해보는 것이 수험생활의 가치이고 몰입을 해본 사람은 그 몰입을 다른 영역에서도 이어갈 수 있다고 생각한다. 우리가 보게 되는 많은 방법론들은 목표에 가까워지기 위한 고민의 결과물이다. 그래서 단순히 방법론만을 따라 하는 것이 중요한 것이 아니라, 본인이 얼마나 목표에 몰입하고 있는가가 더 중요하다 생각한다.

몰입하는 삶

몰입에 대해 이야기하려면 몰입이라는 표현을 좀 더 구체화할 필요가 있다. 몰입을 위해선 목표가 필요하다. 굳이 그 목표가 거창할 필요는 없다. 내가 전념해야 할 이유만 있다면 그 이유가 거창한지 여부는 중요하지 않다. 나의 가장 친한 친구도 '나를 무시하던 선생님에게 보여줘야지' 하는 생각으로 공부했으며 또 다른 친구는 '무엇을 해야 할지 몰라서 일단 점수를 잘 받아야 후회가 없을 것 같다'라는 생각으로 공부를 했다. 그러나 이 과정은 꽤나 중요하다. 가장 최우선 순위에 목표가 있어야 그 외적인 행동들을 줄여나갈 힘이 생기기 때문이다.

목표에 몰입하는 경험을 해볼 수 있다는 것은 정말 값진 경험이라고 생각한다. 꼭 수험생활이든 아니든 그것은 중요치 않다. 다만 대한민국에서 태어났다면 대부분 입시라는 것을 거치기 때문에 모두에게 몰입을 경험해볼 기회가 놓여 있다고 생각한다. 국·영·수를 공부하는 것보다 내가 정한 목표를 이루기 위해 모든 것을 쏟아낼 수 있는 것이 더욱 값지다고 생각한다.

진실로 목표에 몰입한다는 것은 하루 온종일 그 생각을 강하게 갖는다는 것을 말한다. '그저 목표를 이루고 싶다'라는 고민보다 '정말 이루기 위해 무엇을 해야 할까?'라는 고민을 해야 한다. 물론 그 과정에서 강의든, 선배들의 방법론이든 여러 가지를 활용할 수 있다. 모든 것을 혼자 하라는 것이 아니다. 하지만 그러한 것은 모두 내가 문제를 해결해 나가는 과정에서 참고의 수단일 뿐, 늘 목표에 최고로 몰입된 상태가 되기 위해서 무엇을 해야 할지를 고민해야 한다는 것이다.

'수능 당일에 최고의 결과물을 내야 한다'라는 생각에 어떻게 하면 그 결과를 얻을 수 있을지에 대해 집중하다 보니 100일 전부터 매일 같은 점심 식사를 했고, 시험 때 가장 맑은 정신을 유지할 수 있도록 수면 패턴을 찾으려고 했다. 그래서 시험 전날에도 난 새벽 1시에 라디오를 들으면서 잤다. 그러한 루틴은 많은 부분 운동선수들의 루틴과 비슷하다는 것을 지나고서야 알았다. 내 방법론이 맞다는 게 아니다. "시험 전날 새벽 1시에 자라" 하고 조언을 하는 경우가 많지 않은 것처럼 말이다. 하지만 누군가는 이 말을 듣고 좋은 결과를 얻은 선배의 말이랍시고 따라 한다는 것이다.

또한 목표에 집중하다 보면 필요한 행위와 그렇지 않은 행위가 명확해진다. 그래서 핸드폰을 3년간 없앴다. 나보다 더 극한으로 스스로를 몰아간 사람들도 많다. 그러나 그러한 선택들을 하는 사람들은 아마 '힘들다'라는 생각보다도 '당연히 그래야지'라는 생각이 더 클 것이다. 그렇다고 쉬지 않은 것이 아니다. 난

굉장히 자주 쉬는 편이었다. 50분 동안 공부하면 10분 동안은 걸었고 가장 좋아하는 운동은 매일 했다. 휴식을 취하는 것도 내 목표에 방해되는 것이 아니라 오히려 도움이 될 수 있도록 잘 설정하는 것이 중요했다.

하루가 다 지나고 나서 되돌아보면 하루에 있었던 구체적인 문제를 찾아낼 수가 없었기에 50분 동안 공부하고 난 직후에 공부에 대한 평가를 간략하게 해두었고 하루를 되돌아보며 구체적으로 그것을 개선할 해결책을 고민하는 시간을 가졌다. 그 과정에서 많은 칼럼들을 참고하기도 했다. 어떻게든 문제를 해결하기 위해선 문제를 찾아야 했다. 그래서 나만의 '평가·피드백 노트'를 만들게 된 셈이다.

생각해보면 단순하다. 목표가 정말 간절하고, 그 목표에 가까워지기 위해 모든 노력을 기울이는 것이다. 그 과정에서 자신의 성향에 따라 방법론은 달라질 수 있는 것이다. 나는 수백 개의 칼럼을 쓰면서도 내 방법론이 최고라는 이야기를 한 적은 단 한 번도 없다. 목표에 몰입한다는 것이 어떤 상태인지를 전달하고, 그것을 위해선 결국 내가 가진 문제점들을 찾아나가야 하는 것이다. 그리고 그 과정은 외부의 누군가가 해줄 수 있는 것이 아니라 온전히 내가 내적으로 느끼는 감정들이다. 그래서 스스로 배워야 한다는 생각에 콘텐츠를 만들었다.

그리고 성공한 사람들의 콘텐츠들을 보면서 더 확신을 갖게 되었다. 그들의 상황, 성향은 모두 다르지만 결국 자신이 목표한 것에 가까워지기 위해 노력을 했다는 공통점이 있다. 나는 독학으로 수험생활을 하면서 감사하게도 몰입의 경험과 그에 따른 결과를 얻어본 경험을 할 수 있었다. 그렇다 보니 나는 몰입되어 있을 때의 상태를 비추어 지금도 늘 스스로를 되돌아보곤 한다.

'수험생 이후의 삶에서 적어도 내가 몰입의 상태인지 여부를 알 수 있는 기준이 있다는 것만으로도 나태해지지 않을 수 있다'라는 생각에 감사하다. 그리고 이러한 경험을 많은 수험생들이 최대한 빠른 나이에 해보면 좋을 것 같다. 목표에 몰입하고 그 목표에 닿기 위해 그에 걸맞은 생활을 해보자. 그리하면 나만의 방식, 나만의 스토리를 만들어 나갈 수 있을 것이라 생각한다.

서울대 동기들에게서 느낀 '마인드의 차이'

도전 중에 마주한 커다란 장벽

도전을 할 것인지, 포기를 할 것인지의 선택은 어려운 일이다. 가보지 않은 길이기에 많은 부분이 불확실하다는 점에서 우리는 선택의 딜레마에 놓이게 된다. 아무리 힘든 길이어도 도전해서 결과가 보장된다면 견뎌낼 만할 텐데, 힘들게 도전하고도 결과를 얻지 못하고 그에 따른 기회비용까지 부담해야 한다는 생각에 두렵다.

때론 포기도 의미 있는 선택이 되기도 한다. 더 큰 것을 쥐려면 가지고 있는 것을 잠시 내려놓을 필요도 있으며, 과감한 전환이 더 큰 기회를 가져오게 만들기도 한다. 이러한 이유로 선택에 정답은 없다. 누군가는 확률과 가능성을 토대로 선택을 하기도 하고, 누군가는 자신의 신념을 쫓아 선택을 한다. '리스크'라는 것은 무조건 나쁜 것이 아니다. 안전하다고 생각해서 선택하는 것도 100%의 장점만 있는 경우는 거의 없다. 결국 중요한 것은 적절한 때라고 판단될 때 리스크를 감수하고 도전하여 쟁취할 수 있도록 하는 것이다. 물론 판단하는 능력을 기르기 위해 많은 것을 공부하고, 탐구하며, 자신의 기준을 세워가는 노력이 필요하다. 선택의 단계에서 신중한 선택을 했다면, 이젠 그 결정에 '몰입'해야 한다.

어차피 다른 선택지로 과감하게 바꿀 것이 아니라면, 오직 그 목표를 향해 달려갈 수 있도록 해야 하는 법이다. 그러나 도전자의 열망은 오래 지속되기가 어렵다. 많은 재수생들이 첫 상담 땐 다 해낼 수 있을 것 같은 똘망똘망한 눈을 가지고 있다가도 막상 현실을 마주하면서 합리화를 하거나, 좌절을 하는 것처럼 말이다. 도전을 한다는 것엔 언제나 장벽이 존재하는 법이다. 그 벽이 내가 선택을 할 때보다 높게 느껴질 수 있다. 그러나 충분한 고민을 한 후에 선택을 했고, 그 선택을 결국 바꿀 것이 아니라면 우리는 오롯이 마주한 문제를 해결하는 데 집중해야 한다.

목표에 대한 신념이 확고해야 하는 이유

대학 동기 중 나를 포함한 세 명의 친구 무리가 있다. 다들 삼수를 거쳐 대학에 진학해 나이도 같고 성향도 비슷한 탓에 많은 시간을 함께 보냈다. 한 번은 수험생 때의 이야기가 나오게 되었는데, 재수를 하고 떨어졌을 때 어떤 느낌이었는지를 이야기하면서 비슷한 특징을 한 가지 발견했다. 세 사람 모두 '어떡하지?'라는 생각보다 '여길 들어가려면 어떻게 보완을 해야 할까?'라는 생각을 했다는 것이다.

문제를 마주하면 누구나 당혹스럽고, 힘이 든다. 때론 문제가 예상했던 것 이상으로 넘기 어렵다면 선택한 후라도 과감하게 바꾸는 선택도 가능하다. 하지만 그러한 것들을 다 떠나서 목표에 반드시 가야 한다면, 생각의 방향은 '어떡해'가 아니라, '어떻게'로 가야 한다. 이 문제를 '어떻게' 해결할 수 있을지에 몰두하는 것이다. 이날 이후로 서울대학교에서 다양한 도전을 하고 있는 친구들에게 비슷한 질문을 해보았는데 다들 비슷한 대답을 했다. 결국 목표에 도달해야 하는 이유가 거창할 필요는 없다. 어떤 이유든 자신이 몰입할 수 있는 목표라면 그리고 충분한 고민에 따른 결과로 선택했다면 앞으로 나아가는 것만이 유일한 선택지다. '어떡하지?'라는 걱정이 아닌, '어떻게 하면 이 문제를 극복할 수 있을까?'에 전념해야 한다.

지금 어떤 선택을 했다면 꼭 내가 한 선택의 이유가 명확하고 확실한지 생각해보자. 만약 그렇다면 그 목표를 이루기 위해 온갖 노력을 기울이는 것만이 내가 해야 하는 일이다.

나의 부족함을 인정해야 변화가 시작된다

병행, 업무 전환, 몰입의 균형 찾기

우리는 살아가며 무언가를 병행해야 할 때가 많다. 보통 멀티태스킹(multitasking)이란 한 번에 두 가지 이상의 일을 동시에 하는 것을 말한다. 공부만 하더라도 여러 과목을 균형 있게 잘할 수 있어야 한다. 시대가 변하면서 두 가지 이상의 직업을 가진 사람들이 많아지고 있고, 한 곳에서만 일하기보다는 이직 및 창업을 하는 사람들도 많아지면서 병행을 하는 능력은 중요한 능력 중 하나가 되어가고 있다. 하지만 이러한 병행이 불러오는 문제점에 대해서도 많은 사람들이 지적을 하고 있다.

밥을 먹으면서 텔레비전을 보기도 하고 모니터 두 개를 켜놓고 두 가지 일을 동시에 하기도 한다. 그러나 우리의 뇌는 두 가지 일을 동시에 처리하지 못한다고 한다. 한 번에는 한 가지 일에만 집중할 수 있다는 것이다. 단지 빠른 전환으로 동시에 하는 것처럼 느껴질 뿐이다. 다른 일로의 전환이 일어날 때 순간적으로 몰입이 깨지게 되고, 그 과정에서 다시 몰입을 위한 에너지가 쓰이게 된다. 여러 가지를 동시에 병행해본 경험이 있다면, 분주하게는 하는데 정작 속도는 나지 않고 정신만 없었던 적이 있을 것이다. 단지 숙련될수록 특정 행위를 하는 데 소모되는 에너지가 낮아지면서 퀄리티를 놓치지 않은 채 적절한 업무 전환, 멀티태스킹이 되는 것이다. 자전거를 처음 배울 때 한 가지를 신경쓰면 다른 한 가지를 놓치게 되어 넘어지는 것처럼 말이다.

하지만 꾸준히 실천으로 옮기고, 단계적으로 잘 밟아나간다면 어느새 자전거를 타는 행위에는 전혀 힘을 들이지 않고 주위를 볼 수 있는 여유도 생긴다. 그 단계에선 '페달을 이렇게 밟아야지'라는 생각도 없이 이미 그 행위를 하게 된다. 그러나 우리가 평소에 의식적인 노력을 많이 기울여야 하는 일의 경우엔 자전거를 타는 것처럼 아무 생각 없이 할 수 있는 것이 아니다.

이러한 경우, 애매한 멀티태스킹이 오히려 업무의 효율성을 떨어트리는 경우가 많아지는 것이다. 따라서 업무 효율성을 다루는 몇몇 책들에선 비슷한 성격을 가진 업무들을 묶어 전환의 과정에서 소모되는 에너지를 줄이거나, 잦은 업무의 전환보단 한 가지 일에 일정 시간 이상을 할애해서 집중할 수 있도록 권하곤 한다. 이처럼 전환의 과정에서 에너지의 소모, 몰입의 균열을 줄이는 것은 효율성을 높이기 위해 반드시 고려해야 하는 사항이다.

반대로 병행과 업무의 전환이 나쁘기만 한 것은 아니다. 오히려 한 가지만을 오래 붙잡고 있을 경우 루즈해져 효율성이 떨어지기도 한다. 수험생활을 예로 들면, 중하위권의 경우 약한 과목에 더 많은 시간을 할애하게 된다. 약한 과목을 공부하는 것은 보통 나의 현재 수준보다 과제 수준이 높기 때문에 흥미도가 낮을 뿐만 아니라 공부를 하는 과정에서도 틀리거나 이해가 되지 않는 부분들이 많기 때문에 매일의 컨디션에 영향을 받을 수밖에 없다.

따라서 한 과목을 연속으로 서너 시간 배치했을 때 그날의 컨디션에 따라 통째로 그 시간을 날려버리거나, 효과적으로 보내지 못하는 경우를 자주 볼 수 있다. 이 경우에 한 번에 세 시간을 하는 것 외에도 오전, 오후로 나눠서 시간을 쪼개는 방법이 도움이 되기도 한다. 잘 안되더라도 버리는 시간을 최소화하고, 다른 과목으로의 전환을 하는 동안 회복할 시간을 주기도 하는 것이다. 정리하면 전환을 통해 루즈함을 깰 수도 있고, 잘 안되는 날은 꼬리 자르기처럼 시간의 텀을 짧게 만들어 그 시간을 최소화할 수도 있는 것이다.

어쩔 수 없이 어느 정도 병행을 해야 하는 경우가 더 많기 때문에 '병행 수준, 전환 수준, 몰입 수준' 사이의 균형을 찾아야 하는 것이다. 앞서 말한 것처럼 사람마다 집중력도 조금씩 다를 수 있고, 현재 자신의 위치와 과제 난이도에 따라서 전환을 활용해야 하는 수준도 다를 수 있다. 잦은 전환으로 인해 집중력과 주어진 시간의 효율성이 떨어지고 있는 것 같다면, 병행 수준을 줄이거나 한 가지 일에 좀 더 투입하는 시간을 길게 두자. 그게 어느 정도냐가 늘 답답한 부분인 것은 이해하지만 병행 수준과 몰입 수준 사이의 균형이 사람마다 다르기 때문에 그 기준은 직접 해보면서 균형을 계속해서 조율해가야 한다. 같은 사람이라 하더라도 과제에 따라 달라질 수 있기 때문에 스스로 몰입하고 있는지에 대한 꾸준한 피드백을 매일 이어가는 것이 중요하다.

수험생 때 나는 50분 동안 공부하고 10분 동안 쉬는 것이 가장 적절한 나의 방식이라 생각했지만, 성인이 된 후에는 공부보단 재밌는 일을 해서인지 50분이라는 시간이 짧게 느껴져 한 가지 일에 1시간 30분 정도를 할애한다. 이처럼 한 사람의 수험생활 사이클에서도 병행 수준과 전환 수준이 달라질 수 있다. "절대적인 답이 없다"라는 얘기를 먼저 했지만 그럼에도 불구하고 학생들을 지도했을 때 대부분의 학생들이 잘못하고 있는 것은 어느 정도 유형화가 된다. 다음 이야기가 자신에게 해당된다면 나의 조언을 행동으로 옮겨보길 바란다.

잘라내기, 우선순위 정하기의 중요성

가장 어려운 일 중에 하나가 잘라내기다. 특히 현재 자신의 위치와 도달해야 하는 목표 간의 괴리가 크다면 해야 할 과업이 많은 게 일반적이다. 이러한 생각 때문에 계획을 세울 때 대부분은 자신이 실제 할 수 있는 것보다 많은 것을 짜게 되거나, 병행 수준을 너무 높게 설정한다. 또한 좋은 교재, 강의, 콘텐츠들이 너무 많다 보니까 그 모든 것을 다 해야 할 것 같은 욕심에 결국 무리한 계획을 짜게 된다.

결과적으로 '계획'을 짜는 행위와 좋은 것들을 '소유'하는 행위에 매몰되어 여러 가지를 무리해서 끝내는 데 급급해지게 된다. 물론 이러한 마음도 백 번 이해한다. 당장 모든 것을 다 챙기면서 가지 않으면 안 될 것 같은 불안 때문에 자신이 다 소화하지 못할 것이라는 것을 스스로 알면서도 계획을 짜는 행위를 멈출 수 없는 것이다.

잘라낸다는 것은 단기적으론 포기하는 것처럼 보이지만 오히려 현재의 내가 할 수 있는 수준을 확인하고 그것을 인정하고 그에 맞는 최대치를 이끌어내려는 노력이다. 문제는 내가 지금 할 수 있는 병행의 수준에 한계가 있다는 것을 인정하는 것이 어렵다는 것이다. 자의식의 강한 회복력 탓인지 진짜 자신의 부족함을 인정하고 그에 맞는 계획을 세운다는 것은 언제나 어렵다. 수험생들이 해야 하는 것이 많다는 것을 부정하는 것이 아니다. 그리고 우선순위대로 한다 하더라도 실력이 오르는 데에는 분명 시간이 필요하다.

나는 "우선순위를 잘 정하면 아무리 늦게 시작했어도 다 할 수 있다"라는 희망을 얘기하고자 하는 게 아니다. 해야 하는 우선순위를 정하고 현재 내 수준에서 집중할 수 있도록 병행의 수준을 정하고 잔가지들은 과감하게 잘라낼 수 있어야 한다는 것이다. 지금 내가 할 수 있는 것에 집중하면서 병행 수준을 늘려나가야 한다는 것이다.

하지만 너무 늦게 시작해 시간의 여유가 없는 사람들은 조급해질 수밖에 없다. '빠른 실행'은 우리에게 여유를 준다. 어릴 때부터 공부를 꾸준히 해온 친구가 있고, 늦게 정신차려서 누구보다 간절한 마음을 가진 친구가 있다고 가정해보자. 단기적으론 후자의 친구가 더 치열하게 노력해야 하는 부분이 있다. 그리고 수험생 커뮤니티를 보면 전자의 친구가 여유롭게 하는 모습을 보며 외려 질투의 시선을 보내고 자괴감을 느낀다.

특히 단기적으로 결과를 당장 내야 하는 사람들에겐 어떤 것도 보장할 수 없다. 그러나 어떤 경우든 현재 자신의 위치에서 가장 몰입할 수 있는 계획을 짜고 실행하는 것이 실력을 올리는 가장 좋은 방법이다. 설령 기한이 짧아 미처 기한 내엔 결과를 못 올릴 수도 있겠지만, 그것이 최선임은 분명하다.

'잘라내기'라고 표현하는 이유는 아무리 할 것을 줄이라고 이야기하고, 우선순위를 정하라 하더라도 그것이 즐비해질 가능성이 높기 때문이다. 아무리 '나는 이 정도는 할 수 있어'라고 생각해도 실제로는 그것보다 못할 가능성이 더 클 것이다. 그러면 그 병행의 정도는 직접 실행을 해보면서 과감하게 줄여나가거나 늘려나가야 한다. 그 과정에서 '못하고 있는 것들'에 너무 집착하다 보면 특히 완벽주의 성향을 가진 사람들은 계획을 뒤집어버리거나, 잘하고 있는 것들은 보지 못하고 못하는 것들만 보며 감정적으로 변한다.

계획은 수정하는 것이다. 직접 실행을 하다 보면 '이것밖에 못했다고?' 하는 생각이 들고 두려움과 걱정도 문득문득 드는 것이 당연하다. 하지만 실행을 해보면서 파악해가는 달성도가 곧 '현재 내가 할 수 있는 능력'인 셈이다. 그때 그것을 받아들이고, 그에 걸맞게 우선순위들을 배치하는 것이 핵심이다.

예를 들어, 과목별로도 도저히 여러 강의를 병행할 수 없다면 이럴 땐 과목별로 가장 핵심이 되는 강의 하나씩만을 가져갈 수밖에 없는 것 아닐까? 하지만 많은 수험생들이 잘라내기를 할 경우 우선순위에 집중하지 못하고 '못하고 있는 것들'에 대한 걱정에 사로잡힌다. 어떻게 하면 지금 내가 하고 있는 것을 더 잘할 수 있을지를 고민하자. 어차피 걱정한다고 해서 할 수 없는 것들을 할 수 있는 방법은 없다. 그리고 지금 하는 것에 집중하다 보면 병행의 수준은 점차 늘어나기 마련이다. 자전거를 배웠던 과정을 항상 머릿속에 새기자.

어차피 지금 내가 할 수 있는 양엔 한계가 있다. 그것을 인정하고 그 양에 맞게 우선순위를 정하고 과감히 아닌 것들은 잘라내자. 짐으로 쌓아둔다고 내가 그것을 할 수 있는 것은 아니다. 우선순위를 정하는 과정에서 '못하고 있는 것'에 대한 걱정이 들 수 있다. 하지만 지금 내가 하는 것에 오롯이 집중하면 실력이 쌓이고 생각보다 금세 한두 가지를 더 병행할 수 있게 된다.

현재에 더 집중하기 위한 잘라내기를 과감하게 실행으로 옮기자. 그 후 현재 하고 있는 것에 몰입을 하는 경험을 하게 되면 '생각보다 내가 하고 있던 걱정들의 많은 부분이 쓸데없는 걱정이었다'라는 것을 금방 느낄 수 있다. 다른 건 차치하더라도 어차피 지금 내가 할 수 있는 것은 정해져 있을 것이다. 자신의 가능성에 대한 믿음은 높아도 괜찮지만 자신의 현재 능력은 '상상'이 아닌 '실현 가능성'으로 확인해라. 자신이 할 수 있는 수준을 막연하게 높여놓고 무리한 계획을 짜고 실패를 반복하며 스스로를 괴롭히지 말자. 자신의 현재 위치를 인정하고 확인하며 받아들이자. 과감한 잘라내기를 실천하고 꾸준히 자신을 들여다보며 몰입의 상태를 만들어내자.

될성부른 나무는 떡잎부터 알아본다?

멘토들의 조언을 신봉해서는 안 된다

해낼 수 있을지 여부를 누구도 완벽하게 알 수는 없다. 물론 "될성부른 나무는 떡잎부터 알아본다"라는 속담도 있듯이 상담을 많이 해보고 경험이 쌓이면서 소위 '될 놈인지, 아닌지'에 대한 대략적인 감도 생긴다. 실제로 그 직감대로 잘 해나가는 수험생들도 있지만, 반전의 모습을 보이는 수험생들도 있다. 자신이 예상했던 것보다 현실의 장벽이 높아 지쳐가는 수험생들도 있는 반면 실행력을 바탕으로 자신의 문제를 개선해나가며, 시작할 때의 위치에선 바라볼 수도 없던 좋은 결과로 이어지는 수험생들도 있다.

명심해야 하는 것은 멘토들의 조언은 단지 조언일 뿐이며 멘토가 책임져주는 사람이 아니라는 것이다. 의사결정에 도움을 받을 만한 이야기를 듣는 것은 중요하지만 결국 최종적인 선택의 주체는 자신이라는 것을 명심하자. 유명 패션 디자이너 '장명숙' 님이 한 프로그램에 나와 "책임져주지 않는 사람들이 하는 말에 대해서는 귀막아!"라고 말한 것이 한때 SNS에서 클립으로 많이 돌았다. 남의 이야기를 듣지 말자는 것이 아니라, 나의 생각이 빠진 의사결정을 하지 말자는 점에서 매우 공감이 가는 이야기다.

사람은 주변 환경에 많은 영향을 받을 수밖에 없다. 의사결정의 방식에 있어서도 부모, 친구, 주변 환경의 영향을 당연히 많이 받을 수밖에 없다. 그러나 때론 주변의 목소리 때문에 정작 내면의 목소리를 외면한다. 시대가 달라졌기에 주변에 좋은 이야기를 해줄 수 있는 사람이 적더라도 유튜브, 인터넷 등을 통해 좋은 스승들을 만날 수 있다. 주변의 조언을 따를 것인지 여부에 대한 자신의 소신을 갖길 바란다. 조언은 어디까지나 조언하는 사람의 '개인적인 경험에 따른 주관'이다. 그것이 훌륭한 조언일 수도 있다. 하지만 때론 그렇지 않은 조언은 나의 발목을 잡는 족쇄가 될 수도 있다는 사실을 깨달아야 하며, 주체적인 선택을 하기 위해 노력해야 한다.

자신의 의지와 목적이 분명하지 않은 채 흘러가는 대로 수동적인 선택을 한 수험생들이 위기를 마주했을 때 쉽게 무너지거나 자신의 선택을 후회하고 외부의 탓으로 돌리는 것을 보면서 더더욱 주체적 선택의 중요성을 느꼈다. "시작이 반이다"라는 말처럼 어떤 선택을 하는지는 정말 중요한 것이다. 아직 나도 '선택'과 '삶의 가치관'을 논하기에는 많이 부족하기에 조심스럽다. 다만, 가족이나 사회로부터의 요구 등으로 인해 수동적인 선택을 하게 될 가능성이 높은 수험생 집단을 보며 느낀 것들, 좋지 못한 의사결정 방식에 대한 생각, 선택에 대한 나의 생각이 누군가에게 조금은 도움이 되었으면 하는 바람이다.

리스크 최소화 그 자체가 목적인 사람들

'로우 리스크, 하이 리턴(low risk, high return)'이 가장 이상적이겠지만, 일반적으로는 '하이 리스크, 하이 리턴(high risk, high return)'인 경우가 많다. 그러나 '하이 리스크, 하이 리턴'이라는 말을 들으면 왠지 모르게 도박과 같은 생각이 들고, 괜히 부정적인 표현처럼 들린다. '리스크'라는 것에 대해 우리는 부정적인 생각을 갖고 있는 경우가 많은 것이다. 특히 나를 걱정해주는 주변 사람들은 '리스크를 줄였으면' 하는 바람에 소위 안정적인 길을 이야기하는 경우가 많고, 리스크를 짊어지다가 실패한 사례들이나 경쟁률 및 확률을 이야기한다.

이런 분위기 속에서 많은 수험생들이 '안정성'이라는 것에 맹

목적인 신념을 갖게 되기도 하고, 나중엔 안정성 그 자체가 목적이 되는 경우도 많다. 한때 공무원 경쟁률이 엄청나게 치솟았던 것도 비슷한 맥락이라고 생각한다. 물론 그러한 현상이 나쁘다는 것은 아니다. 다만 실제로 그 안정성이라는 것이 진짜 안정성이 있는 것인지도 되물어보아야 한다. 누군가는 적은 월급이더라도 죽을 때까지 보장받는 것을 안정성이라 볼 수도 있지만, 누군가는 경제적 자유를 얻기 위해 도전하는 것이 진정한 안정성이라고 생각하기도 한다는 것이다.

언제나 하이 리턴을 위해 모든 것을 거는 선택을 할 수는 없다. 하지만 살면서 한 번쯤은 리스크를 짊어져야 하는 순간이 올지도 모른다. 리스크가 적은 선택 그 자체가 목적이 될 수는 없다는 것이다. 리스크가 적은 선택은 나에게만 리스크가 적은 일이 아닌 경우가 많다. 즉, 모두에게 쉬운 일인 셈이다. 그러니 그에 따른 리턴도 그만큼 적은 경우가 많다. 물론 그것에 정말 만족할 수 있다면 좋은 선택이 될 수 있다. 하지만 당신이 어떤 분야에서 경쟁을 뚫고 올라서야 한다면 리스크를 짊어지는 순간을 최소한 한 번은 겪어야 할 것이다.

특히 수험 분야와 같이 이미 레드오션인 영역에선 리스크를 짊어지고 모든 것을 쏟아붓는 사람들만 하더라도 줄을 섰다. 그렇기 때문에 실력은 기본으로 갖춘 상태에서 운이 따라주는 사람들이 결과를 갖게 되는 법이다. 성공적인 결과를 거둔 많은 사람들이 "운이 따라줬어요"라고 겸손을 표하는 이유다. 이러한 이유로 어설픈 노력, 애매한 동기로는 실패할 수밖에 없다. 어떤 수험 분야든 경쟁률을 보면 경악할 만하다. 그러나 그중 정말 많은 수가 허수다. 대부분은 임계점을 넘길 노력도 하지 않는다. 그리고 임계점을 넘기지 못한 노력에 결과는 따라오지 않는다.

물론 모두가 상대적으로 힘들다. 편하게 수험생활을 하는 것처럼 보이는 수험생도 물어보면 "제 딴에는 힘들어요"라고 말한다. 재수학원에서 근무하면서 5년 이상 수험생활을 하고 있는 장수생들을 보며 느낀 것이 있다. 분명 공부의 총량은 훨씬 많겠지만, 그들이 좋은 결과를 얻지 못하는 이유는 주어진 때에 모든 것을 쏟아붓지 못하기 때문이다. '간절함'에 좋은 결과가 따를 가능성이 높은 이유는, 간절함은 목표에 모든 것을 집중하게 만들기 때문이다. 그런 사람들과 경쟁하고 있다는 마음으로 노력해야 한다.

어설픈 노력에 결과는 따르지 않는다. 그렇기 때문에 당신은 선택을 할 때 신중을 기해야 한다. '적당히' 병행해도 되는 일들이 있는가 하면, 그렇게 해서는 안 되는 영역도 있다. 후자의 경우라면 정말 모든 것을 그것에 쏟아낼 수 있는 준비가 되어야 한다. 다시 말하지만, 리스크를 아무때나 감당하자는 것이 아니다. '내가 리스크를 지더라도 선택을 해야 하는 순간이다'라는 판단이 들면 단지 경쟁률이 높다는 이유로, 위험부담이 있다는 이유만으로 포기하진 말자. 현재의 위치와 확률만으로 모든 것을 판단하게 된다면 세상에 도전할 수 있는 일은 그다지 없다.

"후회 없이 했다"

리스크는 다른 관점에서 보면 '도전'이다. 물론 내가 과연 도전할 수 있는 위치인지 아닌지에 대해서 신중해야 하는 것은 맞다. 그럼에도 불구하고 도전하겠다는 결심이 섰다면, 그때부터 내가 할 수 있는 것은 오직 모든 것을 목표에 몰입시키는 것이다. 모든 것을 쏟고 있는 사람들이 합격자 수의 몇 배는 될 것이란 것을 상기하자. 어느 정도까지 노력해야 하는지 정해진 기준이 없기 때문에 과연 내가 잘하고 있는 것인지 불안할 수 있다.

성공한 많은 사람들이 공통적으로 하는 이야기 중 하나가 "후회 없이 했다"라는 말이다. 돌이켜보면, 수험생활을 정말 치열하게 보내면서도 늘 '부족한 것은 없을까?', '더 노력해야지'라는 생각을 많이 했던 것 같다. 나뿐만 아니라 좋은 결과를 얻었던 수험생들을 보면 잘하고 있음에도 불구하고 늘 겸손했고, 자신이 더 잘할 수 있는 것은 무엇일지를 고민했다. 처음 뭔가를 배우고 알기 시작하면, 마치 모든 것을 아는 것 같은 느낌이 들고 배우고 성장하는 느낌이 들면서 자신만만해지기 마련이다. 하지만 배우면 배울수록 나의 부족함을 느껴야 하고 겸손해져야 한다. 스스로 부족할까 봐 늘 염려하고 묵묵히 노력해야 하는 것이다.

선택은 분명 신중해야 한다. 그러나 인생에 때론 도전을 해야 하는 때가 있기 마련이다. 그때를 파악하는 것이 누구에게나 어려운 일이지만, 지금 나와 경쟁하고 있는 누군가는 모든 것을 걸고 노력하고 있다는 것을 명심하자. '지금이 바로 도전을 해야 하는 때'라는 생각이 들었다면 경쟁하는 사람들처럼 모든 것을 목표에 쏟아낼 마음의 준비를 먼저 하자. 어설픈 노력에 결과는 따르지 않는다. 누군가가 제시하는 기준만큼만 하는 사람이 되지 말고 언제나 스스로의 부족함을 찾고 겸손한 자세로 더 목표에 가까이 가기 위해 노력하는 사람이 되자. 선택의 이유를 스스로 확고히 하고 나아가자. 그래야만 목표를 바라보고 내 앞에 마주한 많은 장애물들을 견뎌내며 나갈 수 있을 것이다.

기숙학원? 독학?

모든 선택엔 장단점이 있기 마련이다. 선택의 이유가 명확하지 않다면 언제나 내가 선택한 길의 단점과 선택하지 않은 길의 장점만 보일 것이다. 나중에 돌아가더라도 A라는 선택이 아닌 B라는 선택을 해야 할 이유를 명확히 해보는 것이다. 선택의 순간에 내가 알 수 없었던 미래의 결과는 어쩔 수 없다. 완벽한 선택을 하려 하면 아무 선택도 하지 못하게 된다. 일반적으로 두 선택지를 비교하다 보면 좀 더 나은 선택은 있기 마련이다.

특히 내가 독학으로 수험생활을 했다 보니 재수생들로부터 가장 많이 받았던 질문이 "기숙학원을 가야 하나요?", "독학으로 가능한가요?"라는 것이었다. 두 가지 모두 각각의 장단점이 있다. 이때 기숙학원의 장단점, 독학 재수의 장단점을 비교해 장점이 좀 더 많은 선택을 할 수도 있고, 자신이 절대 놓치기 싫은 명확한 기준이 있다면 다른 단점을 감수하고서라도 완벽한 이점을 챙길 수도 있을 것이다.

나는 '강제성'만큼은 원하지 않았기 때문에 위험성을 감수하면서도 독학 재수의 선택을 했다. 결정의 방식은 사람마다 다를 수 있지만, 말하고 싶은 바는 "자신이 충분히 숙고한 선택이어야 한다"라는 것이다. 그래야 나중에 내 선택의 단점을 마주하더라도 '다시 돌아가도 그 선택을 했을 것 같아'라는 믿음으로 밀고 나갈 수 있다. 기준 없이 흔들리는 수험생들은 한 가지를 제대로 끌고 가지 못하고 학원을 자주 바꾸거나 강의만 잔뜩 결제하게 된다.

흔히 "커리큘럼을 갈아타면 망한다", "다니던 학원 못 버티고 나가면 망한다"라는 이야기가 나오는 이유 중 하나다. 실제로 대부분은 사실인 경우가 많다. 하지만 바꿈으로써 더 성장하는 사람도 많다. 핵심은 학원이나 강사를 바꾸는 것 그 자체가 좋고, 나쁘다는 것이 아니다. 기준 없이 바꾸는 수험생들은 바꿔봤자 또 바꿀 가능성이 높다는 것이며, 대부분 그렇기 때문에 바꿔봤자 별다른 차이가 없다는 것이다. 반면 자신이 더 필요하다고 느끼는 것을 찾아 옮기는 수험생은 더 좋은 스승을 찾고 성장하게 된다. 이처럼 '선택의 주체성'은 여러 측면에서 중요하다.

스스로에게 되물어보자. 나는 지금 수험생활을 왜 하고 있는지 말이다. 그게 명확하지 않다면, 공부가 아닌 다른 일을 하는 것도 방법이 될 수 있다. '일단 해볼까?'라는 마음으로는 절대 '반드시 한다'라는 마음을 가진 사람들을 이길 수 없다. 적당한 노력으론 어차피 결과가 따르지 않을 것이다. 꼭 엄청난 사명감을 가져야 하는 것은 아니다. 하물며 서울대학교에 입학한 친구들 중에서도 대학을 가야 한다는 생각은 분명한데, 어떤 과를 갈지, 장래에 무슨 일을 할지는 몰라서 일단 최고 성적을 받겠다는 것을 목표로 한 친구들도 적지 않다. 대학을 갈 생각이 없다면 그러한 노력을 다른 무언가에 쏟으면 되는 것이다. 나의 모든 것을 목표를 위해 집중시킬 수 있는 경험이 수험생활이든 아니든 앞으로의 모든 분야에서 좋은 결과를 낼 수 있는 '키(key)'라고 생각한다. 선택은 신중하게 하되, 선택했다면 몰입하라.

수험생활을 성공으로 이끌다

500개의 칼럼을 쓰면서 정리한 수험생활

대부분 우리가 하지 못하는 것은 핑계나 변명을 둘러대는 경우가 많다. 수험생활을 성공적으로 보내지 못했던 때의 나도 많은 순간을 타협하면서 보냈다. '핸드폰을 하지 말아야 한다'라는 것을 알면서도 '조절할 수 있어'라는 핑계로 끊어내지 못했다. 정말 발등에 불이 떨어지니, 그제서야 그것들이 핑계였다는 것을 알 수 있었다.

자기 절제력은 낮고, 자의식은 높은 탓에 스스로 '할 수 있다'라는 착각 속에서 많은 시간을 낭비했다. 그리고 나와 비슷한 사람들이 정말 많다는 것을 커뮤니티를 통해 알았고, 수험생들을 위한 칼럼을 쓰기 시작했다. 생각보다 변화는 단순한 실행에서

온다. 그래서 부족했던 나도 핸드폰을 없앴고, 게임 아이디는 삭제를 했다. 막상 없애니, 내가 겪던 문제는 생각보다 쉽게 줄어들었다.

긍정적인 최면, 자기 암시

같은 내용이라 하더라도 사람마다 그것을 받아들이는 정도는 다르기 마련이다. 때마침 나의 고민, 경험과 관련있는 콘텐츠들을 마주하면 이전에 봤던 내용이더라도 새롭게 느껴진다. 나한테도 상당히 인상 깊었던 동기부여 영상이 하나 있다. 많은 동기부여 영상들을 보았지만, 그 영상은 나의 과거 경험과 결부되어 상당히 뇌리에 강하게 남았다. 성공한 사업가이자 연설가인 댄 록(Dan Lok)이라는 사람의 영상이었다. 사실 그 사람이 어떤 사업을 하는지에 대해서는 잘 알지 못한다. 다만 그가 성공을 하는 과정에서 했던 행동들 그리고 그 과정에서 느꼈던 감정들에 대한 공감이 컸기 때문에 나에겐 상당히 강렬하게 다가왔다. 물론 나는 아직 그와 같은 사회적 성취는 고사하고 여전히 길을 찾아 달려나가는 중이다. 하지만 목표를 위해 전념해봤고 원했던 결과를 얻었다는 점에서 그의 말에 공감을 한 것 같다.

사실 자세히 들여다보면 특별한 이야기가 아닌 자기 암시와 구체적 상상에 대한 내용이며 다들 한 번쯤 들어봤을 만한 내용이다. 그는 영상에서 사람들이 공감을 할 만한 좋은 이야기들을 많이 했지만 나는 그중에서도 '스포츠카' 이야기가 인상 깊었다. 꿈꾸던 빨간 스포츠카를 직접 타는 자신의 모습을 상상했다는 것이다. "목표를 구체화하라" 하는 것은 이미 많은 성공한 사람들이 강조한 이야기지만, 중요한 것은 그다음이다. 실제로 그 스포츠카를 살 수 있는 능력을 갖추고 사러 들어갔을 때의 좋은 감정이야 형용할 수 없는 것이겠지만, 들어가서 사고 바로 끌고 나오며 운전을 했을 때의 그 느낌이 마치 늘 몰던 것과 같은 자연스러운 느낌이었다는 것이다.

나는 이와 비슷한 경험을 입시를 준비하면서 느꼈다. 나도 매일 노트 상단에 나의 목표를 구체적으로 적고 침대에 누웠을 때 보이는 곳에 학교 로고도 붙여두고 보곤 했다. 그리고 단순히 '구체화'에 그친 것이 아니라, 늘 그에 걸맞은 행동을 하고 있는지에 대한 성찰을 했다. 목표를 구체화해놓고 그에 걸맞지 않은 행동을 하는 것을 방지하기 위해 나의 '상상'이 '망상'이 되도록 하지 않기 위해 늘 경계했다. 그렇게 목표를 이뤘을 때의 나의 모습을 그려보고 행동의 기준으로 삼았다. 긍정적인 의미의 가스라이팅일 수도 있지만, 이러한 긍정적인 최면, 자기 암시 등은 많은 사람들이 강조하는 만큼 정말 해보면 도움이 크게 된다. 더욱이 불안이 클 수밖에 없는 수험생활에서 자기 자신을 못 믿는다면 장애물을 만났을 때 무너지기 쉬운 법이다.

결과가 발표된 날, 집에서 혼자 수험번호를 입력하기 전의 내 기분은 꽤나 차분했던 것 같다. 그리고 실제 합격 화면을 봤을 때 소리를 지르거나 울거나 하지 않았다. 생각보다 담담했고 차분했다. 한편으론 건방진 것처럼 보일 수 있지만, 나 스스로는 그만큼 자신 있었고 이미 그러한 장면을 수없이 그리다 보니 자연스러운 느낌이었다. 그만큼 내 목표에 대해 구체화해보고 전념했다고 생각한다. 댄 록(Dan Lok)이 말했던 것과 경험의 크기는 완전히 다르겠지만, 그가 말한 것이 무엇인지에 조금이나마 공감이 됐다. 그리고 '이러한 성공 경험을 앞으로의 나에게도 적용해서 나가는 것이 맞겠다'라는 생각을 한 번 더 하게 되었다.

우리의 뇌는 속일 수 있다고 한다. 레몬을 떠올리면 침이 나오는 것, 가슴 떨리던 순간을 떠올리면 다시금 그 느낌을 받을 수 있는 것처럼 말이다. 긍정적인 자기 암시, 목표의 구체화를 하는 것이 무의식적으로도 우리에게 긍정적인 기운을 불어넣는다고 한다. 이와 관련한 더 전문적인 내용들은 나보다 더 전문적으로 잘 다룬 분들이 많기 때문에 검색만 해봐도 쉽게 찾아볼 수 있다. 중요한 점은 생각보다 어려운 것이 아니니 따라해봤으면 한다는 점이다.

적어도 나의 경험에서, 내가 지도한 학생들의 경험에서 긍정적 자기 암시, 목표의 구체화가 중요한 이유는 '행동의 기준'이 생긴다는 것 때문이다. 목표를 자꾸 적어보고, 긍정적인 자기 최면을 거는 것은 우리의 무의식에도 많은 영향을 미친다고 한다. “목표를 가시화해보고 매일 써보자”라고 많은 사람들이 언급하는 이유도 비슷하리라 생각한다. 한편으론 ‘단순히 쓰는 것만으로도 효과가 있을까?’ 하는 생각이 들 수 있다. 내가 느낀 바로는 쓰는 것 자체보다 목표를 자꾸 보면서 그것이 내 ‘행동의 기준’이 되기에 효과가 있는 것이다.

목표에 걸맞은 사람처럼 행동하기

우리는 ‘꿈꾸는 것’과 ‘행동하는 것’이 일치하지 않을 때 불안함과 불편함을 느낀다. 쓰기만 하고 행동하지 않는 자기기만(自己欺瞞)에 고통을 느낀다는 것이다. 내가 꿈꾸는 것이 있다면, 무엇을 해야 하는지 이미 대부분은 알고 있다. 공부를 잘하려면 공부를 많이 하면 되고, 시간이 없으면 불필요한 시간을 줄이면 되고, 살을 빼려면 매일 운동을 하면 된다. 책을 많이 읽고 싶다면 매일 10분씩이라도 읽으면 되고, 영어 실력을 키우겠다면 매일 영단어를 한 챕터씩 외우면 된다. 사실 무엇을 해야 할지 모른다기보단 그것을 실행으로 옮기는 ‘실행력’을 갖는 게 어려운 것이다.

그런데 모든 면에서 실행력을 갖기란 어려울 수 있다. 우리는 기계가 아니라 사람이니까 말이다. 예컨대 ‘꼭 살을 빼야 돼? 나는 좀 즐기면서 살 거야’라는 가치관을 가진 사람에겐 매일 헬스장을 갈 필요까진 없을 것이다. 그래서 '목표'와 '우선순위'가 중요하다고 생각한다. 우리가 모든 부분을 다 통제하면서 살 수 없기에 우선순위가 필요한 법이며, 어떤 행동을 해야 하는지에 대한 기준으로서 목표가 중요하다고 생각한다.

공부를 안 하면서 성적이 잘 나오길 바라는 사람은 스스로도 정말 고통스러울 것이다. 스스로도 이미 결과가 잘 나오지 않을 것이란 사실을 이미 알고 있으니까 말이다. 한 번에 좋은 실행력을 갖추긴 어려울 수 있다. 그러나 누군가는 자꾸 목표를 쓰는 행위 속에서 고통을 받으며 다짐하고 바뀌려고 한다. 그래서 목표를 쓰고, 성찰을 하고, 실행을 하는 과정에서 발전이 있다고 생각한다.

사실 '간절함을 갖자'라고 생각한다고 해서 간절함이 막 생기지는 않지 않은가? 그래도 나아갈 수 있었던 이유는 목표를 자꾸 쓰고, 목표에 걸맞지 못한 나를 반성하고, 작은 하나씩이라도 바꾸려고 노력하는 과정 때문이었다고 생각한다. 목표를 쓰다 보니, 그에 부합하지 않은 나의 실행력을 보며 부끄러움을 느꼈고, 목표를 얻지 못할 것이라는 불안함을 느끼니 간절함까진 아니어도 행동이 바뀌었던 것 같다.

어쩌면 답은 단순하다. 간절한 사람이 힘을 갖는 이유는 높은 실행력 때문일 것이다. 학생들에게도 자주 생각해보라고 하는 것 중 하나가 '내일이 수능 당일이라면?'이라는 가정이다. 사실 그러면 행동의 기준이 정말 명확히 선다. '내일이 수능 당일이면 오늘 PC방을 가야 할까? 내일이 수능 당일이면 지금 핸드폰을 해야 하는가?' 하고 생각해보자. 물론 사람이 그렇게 계속 지속하는 것이 어려울 수 있지만, 간절함을 갖고 있는 사람들은 많은 순간 그러한 자세로 임할 것이기에 차이가 있는 법이다. 그리고 이러한 가정을 매일 아침 해보면서 자신의 실행력을 높이는 데 활용할 수도 있을 것이다. 자신의 남은 기대 수명을 숫자로 가시화해보면서 하루를 시작하는 것도 비슷한 맥락이 아닐까? 최소한 다들 열 시간은 공부한다 하면 그 정도는 해야 도전의 자격을 갖추는 것이다.

더 나은 내가 되기 위해

우리는 최소한 무엇을 하지 말아야 할지는 알고 있다. 그리고 유혹에 넘어간다는 것은 결국 '간절함의 부족'이라는 것을 인정해야 한다. 즉, 목표에 대한 갈망이 부족한 것이다. 문제는 간절하게 노력하는 사람들만 해도 꽤 많다는 것이다. 그러니 나의 어설펐던 노력은 결과로 이어질 리가 없었던 것이다. 산술적으로만 비유를 해보면 매일 열 시간씩 공부하는 것도 대단하고 힘든 것이지만, 열두 시간씩 공부하는 사람들이 노력에 대한 결과를 가져가는 것이 맞지 않을까?

KG그룹의 곽재선 회장은 “간절함이 열정을 이긴다”라고 말했다. 목표에 대해 다시 한 번 되돌아보고 최소한 내가 선택한 길을 가야 하는 이유를 부여해보자. 목표를 가시화해보고 그 목표에 부합하는 행동을 매 순간 이어가려고 노력해보자. 막연히 간절함을 바라지 말자. 간절함은 정말 자신이 처한 환경이 절박해지지 않는 한 쉽게 생기기 어렵다. 그걸 위해 동기부여 영상들만 찾아다니며 시간을 낭비하지 말자.

목표를 써보고 그에 부합하지 않은 자신의 모습은 반성하고 부끄러움을 느낄 필요도 있다. 또는 분노를 느낄 수도 있다. 그러면서 하나라도 고치려고 나아가자. 문득 ‘이 작은 행위 하나를 내가 못 지킨다고?’ 하는 생각이 강하게 들 것이고 하나씩 실행을 하다 보면 바뀌어 있을 것이다. 최소한 하지 말아야 하는 것들만큼은 스스로 이미 알고 있을 것이다. 너무 단순한 이야기지만 하지 말아야 하는 것을 안 하고, 해야 하는 것을 하면 된다.

이제는 무엇을 해야 하는지에 대한 방법론들까지 검색만 해봐도 쉽게 찾을 수 있다. 쉬운 것이 가장 어려운 법이지만, 당신이 겪고 있던 악순환의 굴레를 깨는 데에는 엄청난 비법이 아닌, 단순한 실행이 더 큰 힘을 가질 수도 있다. 수험생들을 코칭하면서 가장 기본적인 생활 습관 몇 가지만 고쳐도 많은 것이 바뀌는 기적을 정말 많이 보았다. 당장 지금부터, 오늘부터 우리는 변화할 수 있는 것이다. 최소한 지금까지의 나보다는 나아진 상태로 말이다.

결론은 당장 지금부터, 오늘부터 목표에 집중해서 행동하자는 것이다. 뻔한 이야기, 당연한 이야기, 매번 듣던 이야기로 돌릴지도 모르겠다. 하지만 백 명 중 한 명이라도 내 이야기에 공감하고 행동의 변화로 이어질 수 있길 바란다.

북큐레이션 • 주도적으로 공부하고 미래를 꾸려가고 싶은 사람들을 위한 책

《초몰입 공부법》과 함께 읽으면 좋은 책. 나에게 맞는 실현 가능한 계획을 세우고 인생을 멋지게 살아가고자 하는 당신을 응원합니다.

넥스트 리딩

이권복 지음 | 14,000원

제대로 읽는 자가 살아남는 세상이다
나만의 생산수단을 만들어 삶을 바꾸는 22가지 방법

《넥스트 리딩》은 읽고 끝나는 독서가 아닌 책 속의 내용을 현실에 반영하고 온전히 나만의 것으로 만드는 독서법을 담고 있다. 세상은 더 이상 우리에게 직업을 묻지 않는다. 무엇을 할 수 있는지, 어떤 메시지를 갖고 있는지 등 콘텐츠에 대해 묻기 시작했다. 결국 차별화된 콘텐츠를 만들어야 살아남는 세상이 됐다. 지금까지와는 다른 현실적인 신개념 독서법 '넥스트 리딩'은 내가 읽은 모든 것들을 나만의 콘텐츠로 만드는 방법을 제시해 내 삶에 직접적인 변화를 가져다줄 것이다. 이제는 소비만 하는 독서가 아닌 생산하는 독서를 하라!

인생이 달라지는 新생존법

이광민 지음 | 14,000원

불확실한 미래, 어떤 준비를 해야할까?
현시대에서 생존하기 위해 꼭 필요한 新생존법

빠르게 변해가는 현재에 맞춰 불확실한 미래 또한 성큼성큼 다가오고 있다. 이러한 시대에서 살아남기 위해 가장 필요한 힘은 무엇일까? 어떤 준비를 해야 나만의 경쟁력을 가질 수 있을까? 여기 지방대 출신임에도 100대 1의 경쟁력을 뚫고 청와대 비서실에 합격하고, 전국 마케팅 배틀 3위를 달성하고, 남들이 선망하는 대기업까지 취업한 한 사람이 있다. 《인생이 달라지는 新생존법》에는 단순히 많은 자기계발서에서 다뤄온 긍정하기, 목표 정하기, 실천하기 등의 내용이 아닌 저자 본인이 직접 계획하고 도전해서 성과를 낸 경험을 바탕으로 이 시대에서 살아남는 현실적인 방안이 세세하게 담겨 있다.

미라클 액션

하재준 지음 | 14,000원

"행동이 없으면 오늘과 내일은 같은 날이다!"
망설이는 당신을 행동파로 만드는 행동력 훈련

스무 살에 분양사무소에서 영업을 시작해 37세인 지금 10여 개의 법인회사와 개인 사업체의 대표가 된 저자는 17년간 치열한 사업의 현장에서 살아남은 무기로 '남다른 행동력'을 꼽는다. 저자는 아침 알람 소리 한 번에 자리를 털고 일어나고, 발품을 한 번 더 팔고, '안 된다는 생각'은 없음을 다짐하고, 경험은 돈을 주고도 사며, 상대의 말은 끝까지 경청하는 등 사소한 행동 한 가지부터 행동하고 실천하라고 조언한다. 생각하느라 시간을 다 쓰는 사람들, 주저하는 데 많은 공을 들이는 사람들에게 매우 긍정적인 동기부여가 되어줄 것이다.

그래서 해내는 능력

손동휘 지음 | 14,000원

MZ세대에게 묻는다.
머물 것인가? 앞으로 나아갈 것인가?

어린 시절부터 성취욕이 넘쳐났던 저자는 학창 시절, 반장, 전교 부회장 등 학교 안 모든 리더 자리에 도전했고, 주위의 인정을 받고 싶어 전교 10등 밖으로 밀려나지 않기 위해 매일 공부했다. 7살 때부터 일찌감치 태권도에 빠져 모래주머니를 차고 다니며 전국대회 '1등'을 꿈꾸었고, 13살에는 서울에 있는 태권도장을 다니며 마침내 1등을 거머쥐었다. 이제 저자는 MZ세대들에게 자신을 성공으로 이끈 '해내는 전략'을 알리고자 한다! 좋아하는 게 무엇인지 모르는 나, 어떻게 살아야 할지 모르겠는 나에서 벗어나고 싶은가? 기회는 눈앞에 있다. 도전정신으로 내 삶을 무장하고 성취하는 삶을 살아라!